新学習指導要領対応

学校でも、家庭でも
教科書レベルの力がつく！

国語習熟プリント 小学4年生

学力の基礎をきたえどの子も伸ばす研究会
桝谷雄三 著
金井敬之 編

これならできた！

清風堂書店

はじめに

本書は、発売以来三十年以上も学校や家庭で支持され、歴史を積み重ねてきました。
それは、「勉強に苦手意識のある子どもを助けたい」という私たちの願いを皆様に感じ取っていただけたからだと思います。
今回の改訂では、より子どもの学習の質を高める特長を追加しました。

変わらない特長

○通常のステップよりも、さらに細かくスモールステップにする。
○大事なところは、くり返し練習して習熟できるようにする。
○教科書レベルの力がどの子にも身につくようにする。

新しい特長

○読みやすさ、わかりやすさを考えた「太めの手書き風文字」
○解答は、本文を縮小し、答えのみ赤字で表した「答え合わせがしやすい解答」
○随所に、子どもの意欲・自己肯定感を伸ばす「ほめる・はげます言葉」
○学校でコピーする際に便利な「消えるページ番号」
（※本書の「教育目的」や「私的使用の範囲」以外での印刷・複製は、著作権侵害にあたりますのでおやめください。）

小学校の国語科は、学校で使用する教科書によって、進度・内容が変わります。
そこで本書では、前述の特長を生かし、どの子にも力がつく学習ができるように工夫をしました。
まず、「文字学習」「語彙学習」「文法学習」「読解学習」といった幅広い学習内容に対応し、子ども一人一人の目的に合わせた学習を可能にしました。

また、ポイントの押さえ方がわかる構成と、基本に忠実で着実に学力をつけられる問題で、苦手な子でも自分の力で取り組めるようにしています。

文章を「読む力」「書く力」は、どんな時代でも必要とされる力です。

本書が、子どもたちの学力育成と、「わかった！」「できた！」と笑顔になる一助になれば幸いです。

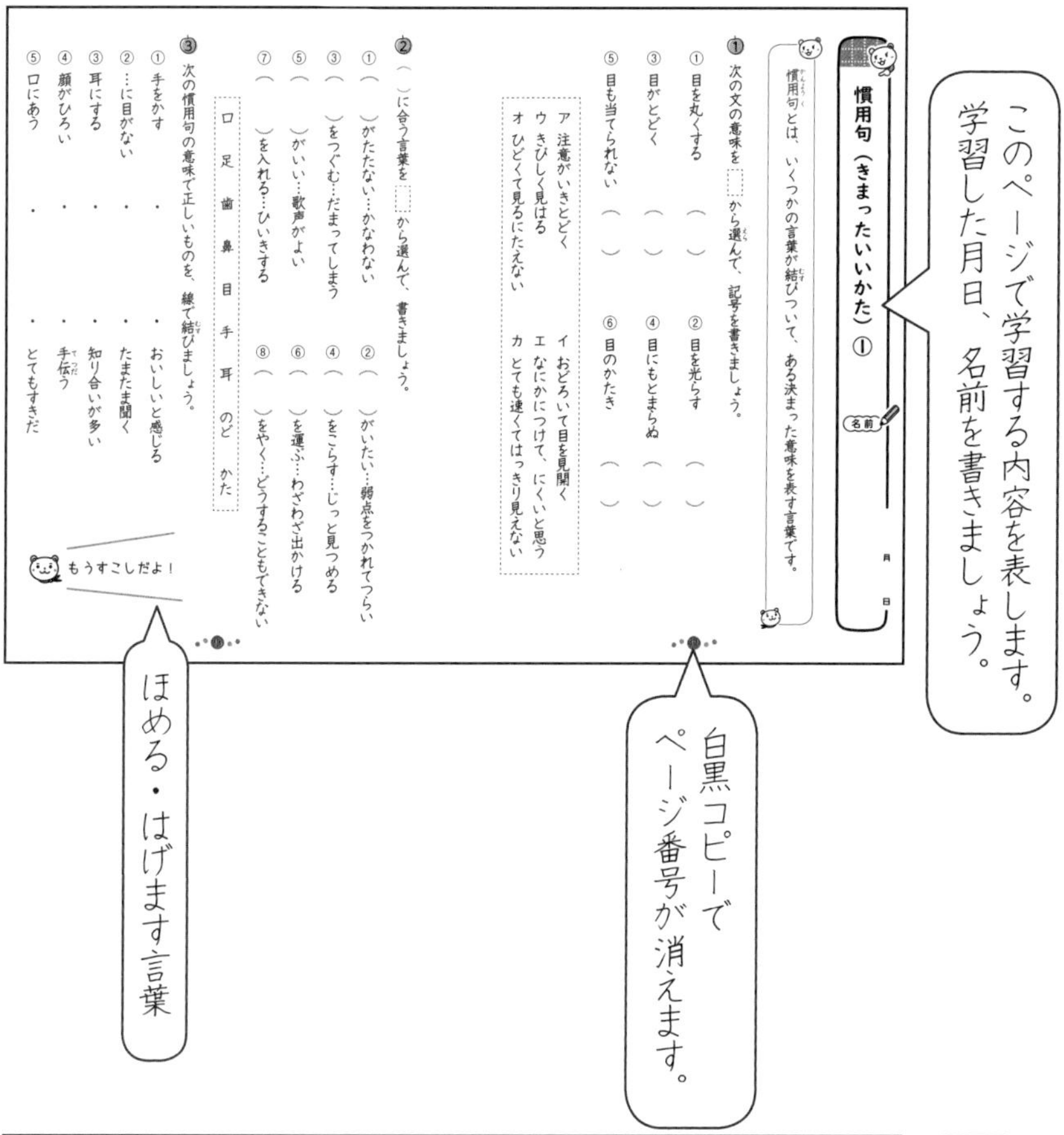
このページで学習する内容を表します。学習した月日、名前を書きましょう。
白黒コピーでページ番号が消えます。
ほめる・はげます言葉

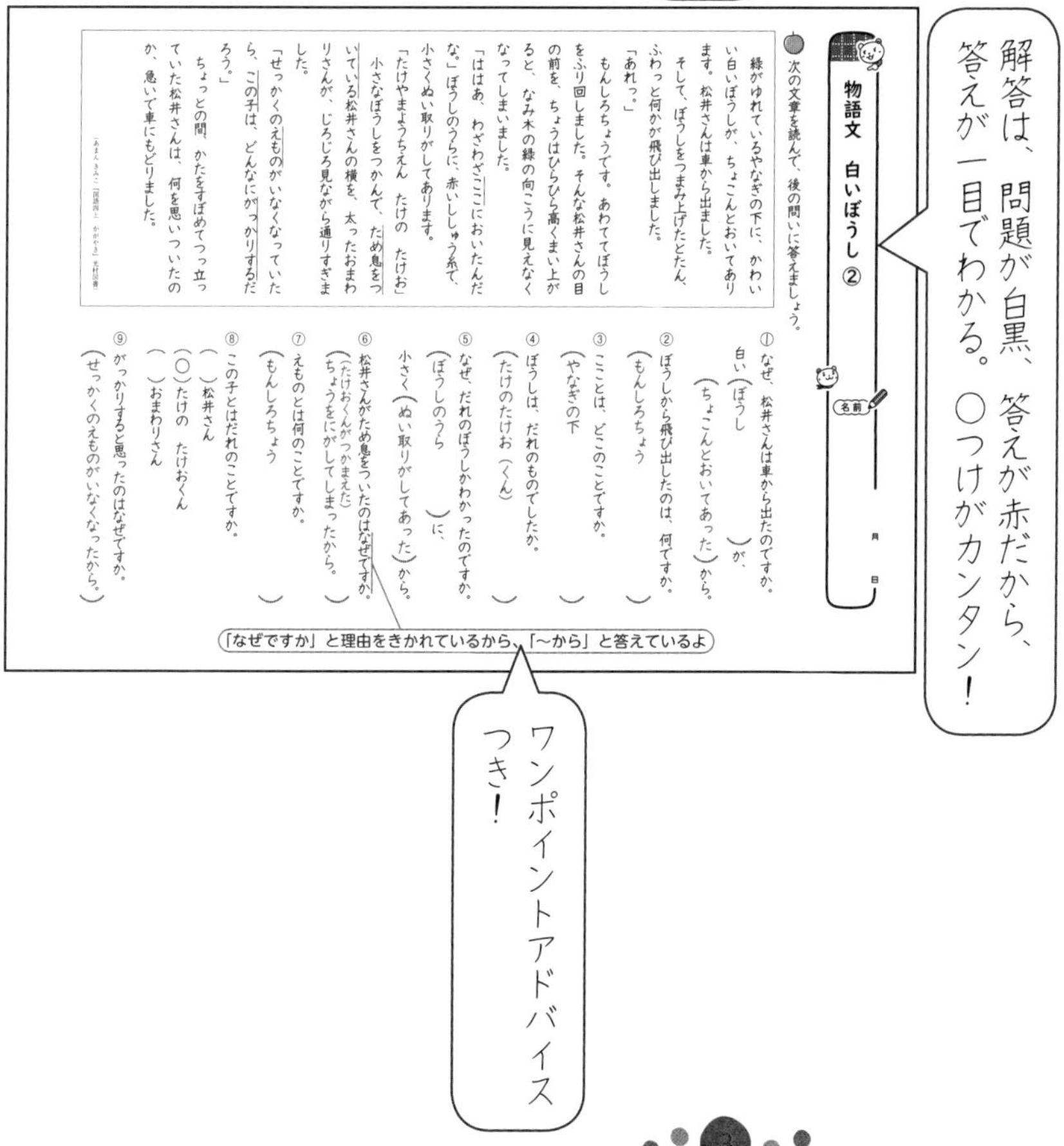
解答は、問題が白黒、答えが赤だから、答えが一目でわかる。○つけがカンタン！
ワンポイントアドバイスつき！

国語習熟プリント四年生　もくじ

詩

物語文

説明文

送りがな ①

名前

月　日

1 次の漢字の送りがなで、正しいものを選《えら》んで、○をつけましょう。

①
（　）固ためる
（　）固める
（　）固る

②
（　）働たらく
（　）働らく
（　）働く

③
（　）散らかす
（　）散かす
（　）散す

④
（　）試ろみる
（　）試みる
（　）試る

⑤
（　）治さめる
（　）治める
（　）治る

⑥
（　）幸あわせ
（　）幸わせ
（　）幸せ

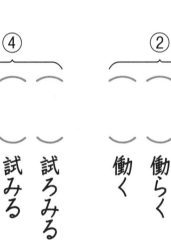

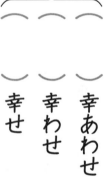

2 次の漢字の送りがなで、正しい方を選んで、○でかこみましょう。

① 生《はえる》（える　る）
② 覚《おぼえる》（る　える）
③ 改《あらためる》（める　る）
④ 浴《あびる》（る　びる）
⑤ 願《ねがう》（う　がう）
⑥ 止《とめる》（る　める）
⑦ 残《のこす》（す　こす）
⑧ 戦《たたかう》（う　かう）
⑨ 包《つつむ》（む　つむ）
⑩ 老《おいる》（いる　る）
⑪ 満《みちる》（る　ちる）
⑫ 変《かわる》（る　わる）
⑬ 付《つける》（ける　る）
⑭ 唱《となえる》（る　える）
⑮ 栄《さかえる》（る　える）

3 送りがなのちがいに注意して、――の漢字に読みがなを書きましょう。

① 苦い薬を飲む。（　）　苦しい時もがんばろう。（　）
② 野球チームに入る。（　）　ボールをゴールに入れる。（　）
③ 細い道を走った。（　）　細かいすなをすくった。（　）
④ 少しだけ残した。（　）　少ない水しか残っていない。（　）
⑤ 雨が上がった。（　）　坂を上って行く。（　）

送りがな ②（かなづかい）

名前

月　日

1 次の――の言葉の送りがなを書きましょう。

① はじめての朝。
初（　　）

② 名をつらねる。
連（　　）

③ 友達《ともだち》をたすける。
助（　　）

④ もっとも近い。
最（　　）

⑤ お湯をさます。
冷（　　）

⑥ 町がさかえる。
栄（　　）

⑦ コマをまわす。
回（　　）

⑧ くわえる。
加（　　）

⑨ いさましい人。
勇（　　）

⑩ ねだんがやすい。
安（　　）

⑪ しずかにする。
静（　　）

⑫ ながいひも。
長（　　）

⑬ まったく知らない。
全（　　）

⑭ 家にかえる。
帰（　　）

2 （　）に合う送りがなを書きましょう。

①　努《つと》める
努（　）ば。
努（　）よう。

②　美しい
美（　）なる。
美（　）かった。

3 次のかなづかいで、正しい方を選《えら》んで、○をつけましょう。

①
（　）かんづめ
（　）かんずめ

②
（　）はなじ
（　）はなぢ

③
（　）ぢしゃく
（　）じしゃく

④
（　）あいず
（　）あいづ

⑤
（　）おおどおり
（　）おうどおり

⑥
（　）こおろぎ
（　）こうろぎ

⑦
（　）おとうさん
（　）おとおさん

⑧
（　）とおだい
（　）とうだい

⑨
（　）ちじれる
（　）ちぢれる

⑩
（　）いきよい
（　）いきおい

⑪
（　）こずつみ
（　）こづつみ

⑫
（　）とおとい
（　）とうとい

いろいろな言葉の使い方

名前

月　日

1 次の——の言葉を、ていねいな言い方にかえましょう。

① ぼくは、昨日《きのう》、サッカーの試合《しあい》で勝った。

（　　　　）

② わたしは、昨日、お母さんに本を買ってもらった。

（　　　　）

③ そのバナナ、ぼくが食べようと思っていた。

（　　　　）

④ わたしが道で転んだとき、先生が来てくれた。

（　　　　）

2 次の赤ちゃんことばの意味を［　］から選《えら》んで、記号で書きましょう。

① あんよ（　　）

② ワンワン（　　）

③ ブーブー（　　）

④ まんま（　　）

⑤ ポンポン（　　）

ア　おなか　イ　犬　ウ　ご飯《はん》　エ　足　オ　車

3 次の——の言葉は、全国各地《かくち》の言葉です。共通語《きょうつうご》にするとどんな意味になりますか。[　]から選んで、記号を書きましょう。

① 空港に下りると、笑顔《えがお》で「めんそーれー」と言われた。（　　）

② 今日から二月で、外はなまら寒かった。（　　）

③ 「あ！　山田さん、やっとかめだねえ。」（　　）

④ ボールが急にとんできて、本当におぶけた。（　　）

⑤ 「これ、あげるよ。」「おおきに！」（　　）

ア　ありがとう　イ　とても　ウ　おどろいた　エ　ひさしぶり　オ　いらっしゃい

4 次の言葉は、会話のときなどにくだけた言い方でよく使います。例《れい》にならって、くだけた言い方にかえましょう。

〈例〉母（お母さん）

① 父（　　）　② 祖母《そぼ》（　　さん）　③ 姉（　　）

④ 教師《きょうし》（　　）　⑤ 医師（　　さん）　⑥ 明日《みょうにち》（　　）

⑦ 食事（　　）　⑧ おどろく（　　）　⑨ 話す（　　）

慣用句（きまったいいかた）①

名前

月　日

慣用句《かんようく》とは、いくつかの言葉が結《むす》びついて、ある決まった意味を表す言葉です。

1 次の文の意味を□から選《えら》んで、記号を書きましょう。

① 目を丸くする（　）
② 目を光らす（　）
③ 目がとどく（　）
④ 目にもとまらぬ（　）
⑤ 目も当てられない（　）
⑥ 目のかたき（　）

ア 注意がいきとどく
イ おどろいて目を見開く
ウ きびしく見はる
エ 何かにつけて、にくいと思う
オ ひどくて見るにたえない
カ とても速くてはっきり見えない

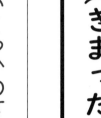

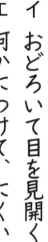

❷ （　）に合う言葉を［　］から選んで、書きましょう。

①（　　）がたたない…かなわない

②（　　）がいたい…弱点をつかれてつらい

③（　　）をつぐむ…だまってしまう

④（　　）をこらす…じっと見つめる

⑤（　　）がいい…歌声が良《よ》い

⑥（　　）を運ぶ…わざわざ出かける

⑦（　　）を入れる…ひいきする

⑧（　　）を焼《や》く…どうすることもできない

口	足	歯	鼻	目	手	耳	のど	かた

❸ 次の慣用句の意味で正しいものを、線で結びましょう。

① 手をかす	・　・	おいしいと感じる
② …に目がない	・　・	たまたま聞く
③ 耳にする	・　・	知り合いが多い
④ 顔が広い	・　・	手伝《てつだ》う
⑤ 口に合う	・　・	とても好《す》きだ

もう少しだよ！

慣用句（きまったいいかた）②

名前

月　日

1 次の慣用句《かんようく》の意味を［　］から選《えら》んで、記号を書きましょう。

① 顔をつぶす……（　）
② 足をあらう……（　）
③ 鼻であしらう……（　）
④ うでが上がる……（　）
⑤ 手がかかる……（　）
⑥ むねがいたむ……（　）
⑦ 首をつっこむ……（　）
⑧ 目にあまる……（　）

ア 世話がやける　イ はじをかかす　ウ 見ておれない　エ 関係《かんけい》する
オ いいかげんにあつかう　カ とても心配する　キ 上手《じょうず》になる　ク やめる

2 次の言葉を見て、正しい慣用句になる方を選んで、〇でかこみましょう。

① 後の（しまつ　まつり）
② ほねを（おる　のばす）

③ さじを（ つかむ　なげる ）

④ はらが（ くろい　いたい ）

⑤ 口が（ ちいさい　かたい ）

⑥ 水に（ ながす　うかぶ ）

⑦ 油を（ とる　うる ）

3 次の慣用句の意味で正しいものを、線で結《むす》びましょう。

① かたで風を切る　・　・　そんけいする

② 頭が下がる　・　・　口数が少ない

③ 口が重い　・　・　人の意見を聞く

④ 耳をかす　・　・　いばって歩く

⑤ こしが低《ひく》い　・　・　いばらないで、たい度がていねいである

⑥ 首を長くする　・　・　いいかげんにする

⑦ むねがつぶれる　・　・　関心《かんしん》がない

⑧ 目もくれない　・　・　待ちこがれる

⑨ 手をぬく　・　・　ひどく悲しむ

がんばったね

慣用句（きまったいいかた）③

名前

月　日

1 次の（　）に合う慣用句《かんようく》を［　］から選《えら》んで、記号を書きましょう。

① 友達《ともだち》が集まって（　　）。
② 自転車にぶつかりそうになり、はっと（　　）。
③ おじいさんから、その話は（　　）ほど何度も聞いた。
④ 毎日、練習をくり返したので（　　）。
⑤ 妹が、約束《やくそく》をやぶったので（　　）。
⑥ そんな作り話は、おかしくって（　　）よ。
⑦ 家の戸じまりをしないで、どろぼうに入られても（　　）。
⑧ この問題集からテストに出るとは（　　）。

ア 耳にたこができる　イ 息をのんだ　ウ うでを上げた　エ はらを立てた
オ 話に花がさいた　カ へそで茶をわかす　キ 耳よりな話だ　ク 後の祭りだ

2 次の慣用句を見て、正しい意味の方を選んで、〇をつけましょう。

① 「歯がうく」

（　）見えすいたほめ言葉は、歯がうく思いだ。

（　）むし歯がなかなか治《なお》らないので、歯がうく。

② 「手をぬく」

（　）いそがしさが続《つづ》いて、練習の手をぬく。

（　）友達にうらぎられたので、手をぬく。

③ 「口が軽い」

（　）すっかりごちそうになったので、口が軽い。

（　）口が軽い人は、きらわれる。

④ 「むねをなでおろす」

（　）ごちそうを食べすぎて、むねをなでおろす。

（　）まい子の知り合いが発見されて、むねをなでおろす。

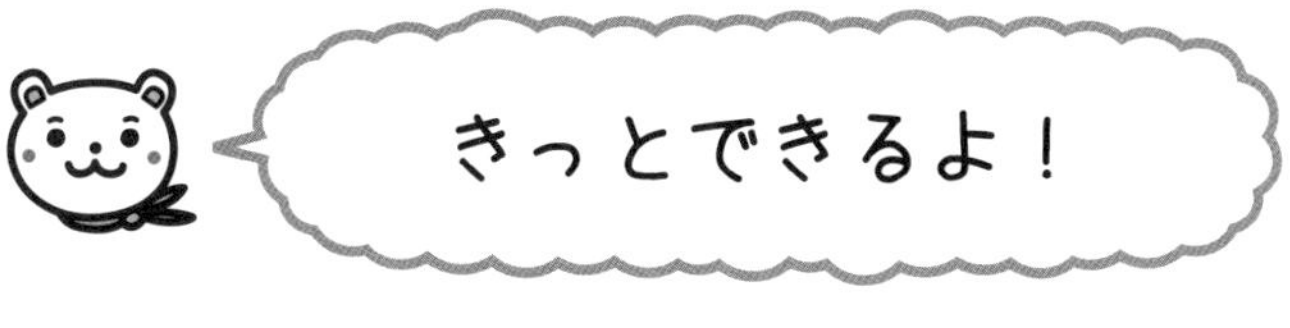

熟語の組み立て ①

名前

月　日

1 次の意味に合う熟語《じゅくご》になるように、漢字を□から選《えら》んで、書きましょう。

① はたらき。ほね折《お》りのこと。
（　　）力

② うで前。本当の力。
（　　）力

③ 持っている全ての力。
（　　）力

④ 物事を成《な》しとげる力。
（力　　）

⑤ 力をこめて作った作品
（力　　）

⑥ 強く主ちょうすること
（力　　）

⑦ 物事を成しとげていく気持ちの力
（　　）力

⑧ 仕事や病気などにたえる体ののう力
（　　）力

作　量《りょう》　労《ろう》　全　気　説《せつ》　実　体

② 次の――線の漢字の読みがなで正しいものを選んで、○でかこみましょう。

① 妹の好《す》きな果物は、バナナだ。
（かいもの　おやつ　くだもの）

② 姉は、ゆかたを上手に着る。
（うわて　じょうず　かみて）

③ 兄は、八百屋でアルバイトをしている。
（はっぴゃくや　やおや　こめや）

④ なっ豆《とう》は、大豆を原料《げんりょう》にして作る。
（だいず　おおまめ　あずき）

⑤ この土地の持ち主はだれですか。
（じぬし　もちしゅ　もちぬし）

もう一息！

熟語の組み立て ②

名前

月　日

1 次の□に「コウ」と読む漢字を書いて、二字の熟語《じゅくご》を作りましょう。（　）の言葉は、その字の意味を表しています。

① □意（すき）

② 歩□（いく）

③ 学□（まなびや）

④ □園（おおやけ）

⑤ □福（さいわい）

⑥ 参《さん》□（かんがえる）

⑦ □事（建物《たてもの》などをつくる）

⑧ 方□（むき）

⑨ 漁《ぎょ》□（みなと）

⑩ 電□（ひかり）

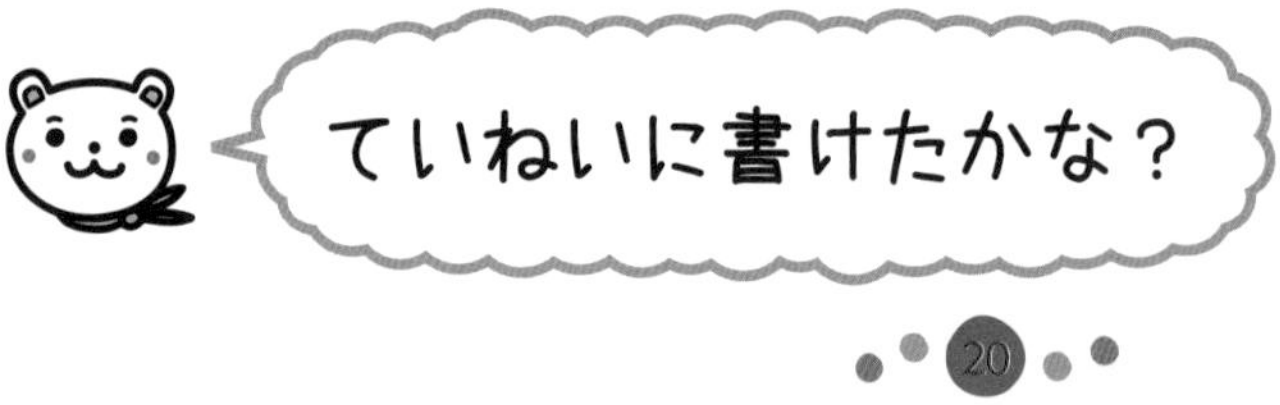

2 次の熟語の読みの組み合わせで、正しいものを[　]から選《えら》んで、記号を書きましょう。

① 雨具（　　）
② 速達《そくたつ》（　　）
③ 機会《きかい》（　　）
④ 筆箱（　　）
⑤ 先手（　　）
⑥ 遠浅《とおあさ》（　　）
⑦ 都市（　　）
⑧ 道順《みちじゅん》（　　）
⑨ 古本（　　）
⑩ 旅路（　　）
⑪ 音楽（　　）
⑫ 西日（　　）

ア 音・音（算数）
イ 訓《くん》・訓（花屋）
ウ 音・訓（台所）
エ 訓・音（指図）

3 次の漢字を使って、例《れい》のように三文字の熟語を作りましょう。

〈例〉
① 者……（科学者）……（　）者（　）者
② 家……（彫刻家《ちょうこくか》）……（　）家（　）家
③ 所……（発電所）……（　）所（　）所
④ 館……（美術館《びじゅつかん》）……（　）館（　）館

熟語の組み立て ③

名前

月　日

1 次の意味に合う漢字を［　］から選《えら》んで、熟語《じゅくご》を作りましょう。

(1) 反対の意味の漢字で作る熟語

① 勝□　② 高□　③ □始　④ 長□

終　短
負　低《てい》

(2) 意味のにている漢字で作る熟語

① 家□　② 付《ふ》□　③ 生□　④ 学□

産　着
屋　習

2 次の熟語の意味を、例《れい》のように漢字の訓読《くんよ》みで書きましょう。

〈例〉歩道（歩く道）

① 新品（　　）　② 食物（　　）　③ 登山（　　）

④ 休日（　　）　⑤ 強国（　　）　⑥ 乗車（　　）

3 次のように読む熟語を、漢字で書きましょう。

① タイリョウ
ア 今日《きょう》はイカが（　　　　　）だ。
イ （　　　　　）の血が出た。

③ シシャ
ア 外国からの（　　　　　）。
イ 映画《えいが》の（　　　　　）会。

⑤ カンシン
ア いまどき（　　　　　）な子だ。
イ 政治《せいじ》の世界に（　　　　　）をもった。

② キョウリョク
ア （　　　　　）なじ石《しゃく》だ。
イ 君に（　　　　　）するよ。

④ ジシン
ア 自分（　　　　　）で考えなさい。
イ （　　　　　）をもって答えた。

⑥ キョウダイ
ア 兄と弟で（　　　　　）です。
イ 母が（　　　　　）を買った。

文末の表し方 ①

名前

月　日

1 次の文に合う言葉を［　］から選《えら》んで、書きましょう。

① ぼくは、お皿をわって［　　　］。

② 昨日《きのう》、いなかにおじいさんが帰って［　　　］。

③ いつも、お母さんに朝ごはんを作って［　　　］。

④ 答えに自信《じしん》がなかったが、黒板に書いて［　　　］。

⑤ 明日《あす》、本読みが当たるので、今、読んで［　　　］。

いる
しまった
みた
もらう
いった

② 次の文の表している意味を[　]から選んで、記号を書きましょう。

(1) 本を読む

① 本を読んであった。

② 本を読んでおく。

③ 本を読んでやる。

④ 本を読んでしまった。

① [　] ② [　] ③ [　] ④ [　]

ア すでにじゅんびをしているようす

イ したことの結果《けっか》を表すようす

ウ 相手にしてあげるようす

エ することが終わったようす

(2) 兄が走る

① 兄が走っている。

② 兄が走ってみる。

③ 兄が走ってくる。

④ 兄が走っていく。

① [　] ② [　] ③ [　] ④ [　]

ア 遠のいていくようす

イ ためしにするようす

ウ 近づいているようす

エ 動きやありさまが、続《つづ》いているようす

「本を読む」「兄が走る」の文末《ぶんまつ》を変《か》えているよ。

文末の表し方②

名前

月　日

1 次の文末《ぶんまつ》が表す意味を［　］から選《えら》んで、記号を書きましょう。

① 赤ちゃんが、今にも泣《な》きそうだ。（　）

② おじいさんが百才でなくなったそうだ。（　）

③ その試合《しあい》は、七時ぐらいに終わるだろう。（　）

④ その本は、おもしろいそうだ。（　）

⑤ 今度の遠足は、動物園だ。（　）

⑥ 明日《あす》は発表だ。君は調べておくべきだよ。（　）

⑦ このミカンはきっとおいしいだろう。（　）

⑧ 二学期になると、転校生が来るらしい。（　）

⑨ となりのクラスは、いつも楽しそうだ。（　）

ア 言い切っている
イ 相手にはっきりしめす
ウ おしはかって、はっきりしない
エ だれかから聞いた
オ ようすを表す

2 文末には、いろいろな表し方があります。次の文の「か」の意味を［　］から選んで、記号を書きましょう。

① この本はだれの本ですか。（　）
② あなたもいっしょに行きませんか。（　）
③ さて、本当にそうなのだろうか。（　）
④ こんなことで、泣くやつがあるか。（　）
⑤ 乗るべきか、下りるべきか。（　）
⑥ 満員《まんいん》だが、席《せき》にすわれるのだろうか。（　）
⑦ 人気の音楽を聞いてみませんか。（　）
⑧ 転校生の名前は何といいますか。（　）
⑨ スカートにしようか、ズボンにしようか。（　）

ア 問いかけている
イ うたがっている
ウ 強めている
エ さそいかけている
オ どちらか考えている

動詞（うごきことば）①

名前

月　日

人やものの動き、状態《じょうたい》の変化《へんか》、存在《そんざい》を表す言葉を、動詞《どうし》（うごきことば）といいます。

ア　人やものの動き
・山に登る。
・風車が回転する。

イ　人やものの状態の変化
・体が冷《ひ》える。
・空が晴れる。

ウ　人やものの存在
・そこに人がいる。
・前に花びんがある。

1　次の言葉の中から動詞を選《えら》んで、○でかこみましょう。

① かわいい　② 遠い　③ 見る　④ すわる　⑤ 赤い
⑥ 歩く　⑦ とぶ　⑧ 大きい　⑨ きれいな　⑩ 取る
⑪ 食べる　⑫ 細い　⑬ はやい　⑭ おかしい　⑮ 歌う

2 次の――の動詞が表すものを［　　］から選んで、記号を書きましょう。

① 犬が走る。　□
② タオルがかわく。　□
③ たぬきが住んでおる。　□
④ 海で泳ぐ。　□
⑤ お湯がわく。　□
⑥ うさぎがはねる。　□
⑦ ゴムがのびた。　□
⑧ 人がいた。　□
⑨ 山に行く。　□
⑩ お茶を飲む。　□

ア　人やものの動き
イ　人やものの状態の変化
ウ　人やものの存在

3 次の文から、動詞を九つ見つけて線を引きましょう。

十一月十二日。今日《きょう》はお母さんのたん生日。妹と、プレゼントをあげることにした。それと、夕食を妹と二人で作ることにした。プレゼントはビーズのネックレスで、夕食はカレーライスとサラダに決まった。わたしがカレーライスで、妹がサラダを作るんだけど、うまくできるかなあ。お母さんのよろこぶ顔を見るのが楽しみだ。

動詞（うごきことば）②

名前

月　日

動詞《どうし》は、いろいろな形に変《か》えて使います。

ア　見る　イ　見ない　ウ　見ます

エ　見れば　オ　見ろ　カ　見よう

ア　見る

イ　見ない
ウ　見ます
エ　見れば
オ　見ろ
カ　見よう

1 次の動詞を、右の「見る」のように形を変えて書きましょう。

①

ア　さがす

イ（　　）
ウ（　　）
エ（　　）
オ（　　）
カ（　　）

②

ア　起きる

イ（　　）
ウ（　　）
エ（　　）
オ（　　）
カ（　　）

② 次の文に合うように動詞の形を変えて書きましょう。

ア さがす

イ タオルがあるので、ハンカチは（　　　　）。

ウ お母さんにプレゼントするハンカチを（　　　　）。

エ ハンカチは、引き出しを（　　　　）あるはずだよ。

オ 買ったばかりのハンカチをなくしたのか。（　　　　）。

カ そんなに大切なハンカチなら、いっしょに（　　　　）。

ア 起きる

（イ～カの順《じゅん》ではありません）

① 明日《あす》はラジオ体そうだ。みんなで六時に（　　　　）。

② ラジオ体そうの日は、いつも六時に（　　　　）。

③ 六時に（　　　　）、ラジオ体そうに行けるよ。

④ かぜをひいたので、六時には（　　　　）。

⑤ もう七時だ！（　　　　）。

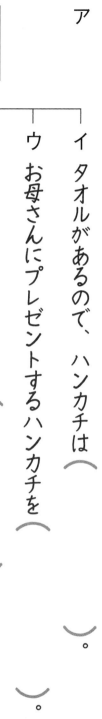

動詞（うごきことば）③

名前

月　日

❶ 次の動詞《どうし》を、例《れい》のように形を変《か》えて書きましょう。

〈例〉 歩く

ア お母さんは、昨日《きのう》スーパーまで 歩いた 。

イ お母さんは、スーパーが休みの日は 歩かない 。

ウ お母さんは、ぼくとスーパーまで 歩こう と言った。

① 書く

ア ぼくは、夏休みに毎日絵日記を（　　　　）。

イ ぼくは、絵日記を毎日は（　　　　）。

ウ ぼくは、毎朝、絵日記を（　　　　）と思った。

② 消す

ア 花火の火を、すぐ（　　　　）。

イ 花火の火を、お兄ちゃんはすぐ（　　　　）。

ウ 花火の火を、すぐに（　　　　）としないので注意した。

2 次の□に合う動詞を選《えら》んで、○をしましょう。

① 今日《きょう》、先生に□。（ほめる　ほめた　ほめられた）

② 兄は水泳部なので、速く□はずだ。（泳ぐ　泳げる　泳がされる）

③ けんかして兄に□。（泣《な》いた　泣けた　泣かされた）

3 次の文の動詞を、例のように形を変えて書きましょう。

〈例〉おとなりのピーターさんは、英語を［話す］。　ア［話すことができる］　イ［話せる］

① 妹は、わたしよりうまくピアノを［ひく］。　ア（　　）　イ（　　）

② トラックは、重い荷物を［運ぶ］。　ア（　　）　イ（　　）

③ 四年生の弟は、料理《りょうり》を［作る］。　ア（　　）　イ（　　）

動詞（うごきことば）④

名前

月　日

1 次の［　］の動詞《どうし》を、例《れい》のように文に合うように形を変《か》えて書きましょう。

〈例〉お父さんは、昨日《きのう》ステーキを［食べる］。→（食べた）

① 昨日、お父さんがかさをわすれたので、駅までむかえに［行く］。→（　　）

② お母さんに［たのむ］、プラモデルを［買う］もらった。→（　　）（　　）

③ 台風が［近づく］ので、雨と風が強くなってきた。→（　　）

④ たなの上に［ある］クッキーが、もうない。→（　　）

⑤ わたしが［こぼす］牛にゅうが、教室のゆかに広がった。→（　　）

② 次の文を読んで、後の問いに答えましょう。

今、アラスカは春です。ねむっていた動物たちはいっせいに目を覚《さ》まします。ハイイログマ、ドールシープ、アラスカンムース、アカリス、ホッキョクギツネ。他にもたくさんいます。巣《す》あなから出てきた子どもたちが、春の温かさの中で遊びます。しかし、動物たちばかりではありません。たくさんの植物も花をさかせます。むらさきやオレンジ、赤などの色がまるで花の海のように広がります。

(1) 右の文から動詞を八つさがして、形を変えず書きましょう。

① (　　) ② (　　) ③ (　　) ④ (　　)
⑤ (　　) ⑥ (　　) ⑦ (　　) ⑧ (　　)

(2) (1)で書いた動詞を、き本の形にして書きましょう。

① (　　) ② (　　) ③ (　　) ④ (　　)
⑤ (　　) ⑥ (　　) ⑦ (　　) ⑧ (　　)

形容詞（ようすことば）①

名前

月　日

「青い海」「雨がはげしい」「力が強い」などのように、人やものの状態《じょうたい》や性質《せいしつ》を表す言葉を、形容詞《けいようし》（ようすことば）といいます。言い切りの形は「～い」で終わります。

1 次の（　）に合う形容詞を□から選《えら》んで、書きましょう。

① このオレンジジュースは（　　　　）。

② せみの鳴き声がとても（　　　　）。

③ チョウのたまごは、すぐわからないくらい（　　　　）。

④ 今日《きょう》はたん生日なので、とても（　　　　）。

小さい　うれしい　うるさい　あまい

2 次の言葉の中から形容詞を選んで、○をつけましょう。

① 続《つづ》く（　）
② おいしい（　）
③ 黒い（　）
④ にげる（　）
⑤ かがやき（　）
⑥ かるい（　）
⑦ 無《な》い（　）
⑧ 高い（　）

3 次の文から形容詞を七つさがして、形を変《か》えず書きましょう。

あなたは、冬の星ざを見たことがありますか。

寒い冬、夜空に光る星は、とても美しいものです。代表的《だいひょうてき》な星ざには、オリオンざがあります。赤いベテルギウスと、青白いリゲルを見つければよいのです。オリオンざのすぐ下に、特《とく》に光る星があるでしょう。

それはシリウスといって、夜空で一番明るい星（一等星）です。この星も青く光りかがやいています。

① （　）
② （　）
③ （　）
④ （　）
⑤ （　）
⑥ （　）
⑦ （　）

形容詞（ようすことば）②

名前

月　日

形容詞《けいようし》は、いろいろな形に変《か》えて使います。

ア　大きい　イ　大きかろう　ウ　大きかった

エ　大きくなる　オ　大きいとき　カ　大きければ

1　次の言葉を、右のような形になるように文字を書きましょう。

①
ア　白い
イ　白
ウ　白
エ　白
オ　白
カ　白

②
ア　新しい
イ　新
ウ　新
エ　新
オ　新
カ　新

③
ア　明るい
イ　明
ウ　明
エ　明
オ　明
カ　明

② 次の形容詞を、例《れい》のように動詞《どうし》に変えて書きましょう。

〈例〉

強い・強まる
・強める
・強がる

うれしい
・うれしがる

① 広い→（　　）（　　）（　　）
② 早い→（　　）（　　）
③ 温かい→（　　）（　　）
④ さみしい→（　　）

③ 次の文を読んで、□に入る言葉を［　］から選《えら》んで、記号を書きましょう。

わたしたちの町には、しょうゆ工場が□。先週、学級でたずねてみた。まいごになるくらい□。こんなに工場が□、きっと毎日たくさん作れるんだろうなと思った。入り口で少ししょうゆのかおりがしていたが、中に入るともっと□。中はとても□で、機械《きかい》は三木先生よりもずっと□。できたてを味見させてもらったら、すごく□。来れなかった矢田さんはきっと□だろうな。

ア 広かったら　イ 多い　ウ きれい　エ くやしい　オ 大きい
カ 広かった　キ おいしかった　ク 強かった

形容動詞

名前

月　日

「静かだ」「きれいだ」「おだやかだ」「ふしぎだ」など、物や事がらの性質《せいしつ》や状態《じょうたい》を表す言葉を、形容動詞《けいようどうし》といいます。言い切りの形が「〜だ」で終わります。

また形容動詞は、いろいろな形にかえて使います。

ア　ふしぎだろう　イ　ふしぎだった　ウ　ふしぎである　エ　ふしぎになる
オ　ふしぎだ　カ　ふしぎなとき　キ　ふしぎならば

① 次の文の中から、形容動詞をさがして線を引きましょう。

家のまどから、大きな月が見えました。「とてもきれいだ。」とわたしが言うと、お母さんが「本当。昨日《きのう》もきれいだったわ。今は一年で一番お月さまがきれいな季節《きせつ》だから、お月見をするのよ。明日《あす》は十五夜だから、明日もきれいだろうね。」と教えてくれました。わたしは「そんなにきれいならば、明日お月見をしようよ。」と言いました。

2 次の——の言葉が、形容動詞の文を選《えら》んで○をつけましょう。

① あのジェットコースターは、こわい。（　　）

② 犬の名前は、リプリーだ。（　　）

③ 友だちと話していると、とてもゆかいだ。（　　）

3 次の文に合う形容動詞を［　］から選んで、記号を書きましょう。

① 三組の小川さんは、［　　］アイドルににていると思う。

② うちゅうでくらせるようになるのももう［　　］。

③ 落とし物をとどけたら、「とても［　　］子だね。」とほめられた。

④ ヤマメという川魚は、水が［　　］川にしかすまないそうだ。

⑤ 今日は運動会なので、運動場は［　　］。

⑥ お父さんが日曜大工で作ったイスは、足が［　　］。

ア 間近だ　イ 有名な　ウ 清《きよ》らかな　エ がたがただ　オ にぎやかだ　カ 正直な

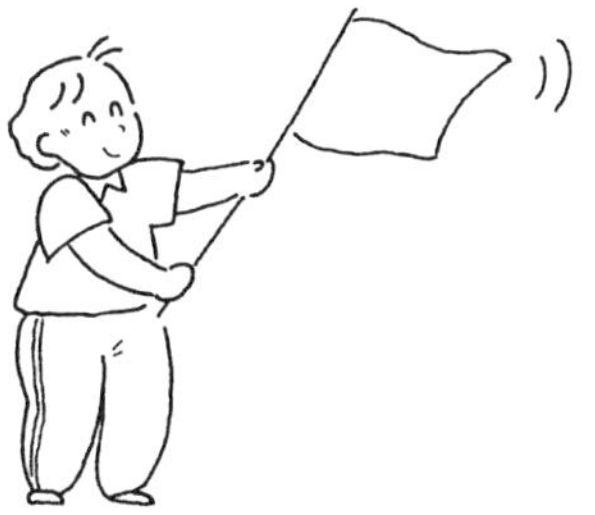

副詞（かざりことば）

名前

月　日

「ごはんをゆっくり食べた」「あの人はずいぶんゆかいな人だ」など、語形変化《ごけいへんか》なく、ようすや程度《ていど》などをくわしくする言葉を、副詞《ふくし》（かざり言葉）といいます。

1 次の文の中から、副詞をさがして線を引きましょう。

① 今日《きょう》はたぶん雨がふる。

② 今年の冬はたいそう雪がふった。

③ すぐ行くから待っていてね。

④ あなたはゆっくり歩けませんか。

⑤ きっと君が好《す》きなのだ。

⑥ 必《かなら》ず正しいことは勝つのだ。

⑦ 君の言う事はいつも正しい。

⑧ しばらくどこかへ行って来ます。

⑨ およそ三キロほどの道のりだ。

⑩ そこをはっきり言いなさい。

2 次の文の中から副詞を四つさがして、書きましょう。

明日《あす》は、楽しい遠足です。今夜は空にきれいに星が出ています。明日は、きっと晴れるでしょう。

ぼくは、明日は友だちと思い切りゆかいに遊ぼうと思っています。もし、雨がふったらと少し心配です。

①（　　）　②（　　）　③（　　）　④（　　）

3 次の文の（　）にあてはまる言葉を［　］から選《えら》んで書きましょう。

① たからくじが当たるなんて（　　）ゆめのようだ。

② 暗くなったと思ったら（　　）雨がふってきた。

③ 夜空に星が（　　）かがやいている。

④ 昨日《きのう》から（　　）雪がふっている。

［きらきら　ずっと　たちまち　まるで］

名詞（なまえことば）①

名前

月　日

「先生」「友達《ともだち》」「メダカ」「学校」「つくえ」人、もの、場所など、物事の名前を表す言葉を名詞《めいし》といいます。

① 次の言葉の中から名詞を選《えら》んで、○をつけましょう。

（　）カバン　（　）ゲーム　（　）「ええっ！」　（　）空　（　）目

（　）走った　（　）光る　（　）光　（　）美しい　（　）空気

名詞には、人名や地名など特別《とくべつ》なものを表す名詞や、名前の代わりに表す名詞、数を表す名詞があります。

ア　人名や地名を表す　・山口さん　・山口小学校　・山口県

イ　名前の代わりに表す　・ぼく　・あなた　・わたし　・かれ

ウ　数を表す　・五　・三つ　・十人　・百こ　・千本

② 次の文の中から名詞をさがして、形を変《か》えずに書きましょう。

> 谷町小学校の四年生はヘチマの観察《かんさつ》をしています。六月の二十日、気温は三十度でした。木村さんは、小さな黄色い花を見つけました。よく見ると、つぼみもいっぱいありました。かの女は、みんなにそのことを知らせました。

①（　）　②（　）　③（　）　④（　）　⑤（　）

⑥（　）　⑦（　）　⑧（　）　⑨（　）　⑩（　）

⑪（　）　⑫（　）　⑬（　）　⑭（　）

> 名詞には、動詞《どうし》や形容詞《けいようし》から形が変わったものがあります。
>
> （動詞）→（名詞）
> わらう → わらい
> おどる → おどり
>
> （形容詞）→（名詞）
> 白い → 白さ
> 美しい → 美しさ

③ 次の言葉を、右のように形を変えて書きましょう。

① 流れる →（　）

② 深い →（　）

③ 読む →（　）

名詞（なまえことば）②

名前　　月　　日

① 次の言葉を二つに分けて書きましょう。

〈例《れい》〉 焼《や》きそば → 焼く ＋ そば

(1)
① 飲み水 → ＋
② 植木 → ＋
③ 入り口 → ＋
④ 急ぎ足 → ＋

(2)
① やり投げ → ＋
② いもほり → ＋
③ 草かり → ＋
④ ふとんたたき → ＋

(3)
① ふりかけ → ＋
② 行き止まり → ＋
③ 思い出 → ＋
④ 食べかけ → ＋

2 次の二つの言葉を合わせて、一つの名詞《めいし》を作りましょう。

① にぎる ＋ 飯《めし》 →

② ねる ＋ 息 →

③ 笛 ＋ ふく →

④ 本 ＋ 読む →

⑤ 受ける ＋ 付《つ》ける →

⑥ 組む ＋ 合わせる →

⑦ 折《お》る ＋ 紙 →

⑧ 気 ＋ 晴らす →

⑨ にらむ ＋ 合う →

⑩ 食べる ＋ すぎる →

3 次の言葉を、例のように名詞の形に変《か》えて書きましょう。

〈例〉 早い → 早さ　走る → 走り

① はずかしい →

② うまい →

③ 新しい →

④ 通る →

⑤ 晴れる →

⑥ おくれる →

ことばの種類 ①

名前

月　日

次の言葉で、名詞《めいし》には「め」、動詞《どうし》には「ど」、形容詞《けいようし》には「け」、形容動詞《けいようどうし》には「けど」を□に入れましょう。

〈例〉
名詞 ……… つくえ、笑《わら》い、美しさ
動詞 ……… のぼる、晴れる、いる
形容詞 …… 青い、はげしい、強い
形容動詞 … きれいだ、おだやかだ

① 小さい □
② 少年 □
③ りっぱだ □
④ 食べる □
⑤ 美しい □
⑥ コップ □
⑦ のどかだ □
⑧ のどかさ □
⑨ さわぐ □

⑩ さわぎ

⑪ 青い

⑫ 青さ

⑬ にぎやかだ

⑭ にぎやかさ

⑮ にくらしい

⑯ 考える

⑰ 考え

⑱ におい

⑲ におう

⑳ いそがしい

㉑ いそがしさ

㉒ ロケット

㉓ 山田さん

㉔ 流れる

㉕ 流れ

㉖ する

㉗ ある

㉘ ない

㉙ どんぐり

㉚ ねむる

ことばの種類 ②

名前

月　日

次の言葉の中から、種類《しゅるい》のちがうものを選《えら》んで、記号を書きましょう。

① ア 子ども　イ 太一《たいち》　ウ とかげ　エ 麦　オ 丸い

② ア 飛《と》ぶ　イ 太る　ウ 見る　エ ねむい　オ 歌う

③ ア 赤い　イ くわしい　ウ 全然《ぜんぜん》　エ いたい　オ 悪い

④ ア ゆっくり　イ さらさら　ウ 少し　エ いつも　オ 遠い

⑤
ア どんどん
イ わんわん
ウ にこにこ
エ じろじろ
オ すっかり

⑥
ア 海
イ 南
ウ 上
エ 左
オ 西

⑦
ア ぼく
イ わたし
ウ きみ
エ 人
オ かれ

⑧
ア ふえる
イ なげく
ウ 借《か》りる
エ 好《この》む
オ 泳ぎ

⑨
ア 重さ
イ 悲しむ
ウ 静《しず》けさ
エ 美しさ
オ 高さ

⑩
ア まぶしい
イ たくさん
ウ ずいぶん
エ しっかり
オ じっくり

感動詞（感動のことば）

名前

月　日

話し手の気持ちなどを表す言葉を、感動詞《かんどうし》といいます。

ア　感動「ああ！」
イ　よびかけ「おうい！」
ウ　受け答え「はい」
エ　あいさつ「こんにちは」
オ　さけび「うわっ」
カ　かけ声「どっこいしょ」

1　次の――線の感動詞が表すものを［　］から選《えら》んで、記号で書きましょう。

① きゃあ、ヘビだわ。［　］
② うん、わかった。［　］
③ では、ごきげんよう。［　］
④ ねえ、遊ぼうよ。［　］
⑤ よいしょ、とすわる。［　］
⑥ おお、かわいそうに。［　］

ア　感動
イ　よびかけ
ウ　受け答え
エ　あいさつ
オ　さけび
カ　かけ声

2 次の文に合う感動詞を［　］から選んで、□に書きましょう。二回くり返して使います。

①　さあさあ、安いよ、安いよ。

②　□、ぼくが見てあげよう。

③　おやおや、どうしたのかな。

④　□、だめじゃないか。

⑤　□、そうおこらないで。

⑥　□、やっと宿題が終わった。

⑦　□、田中さんのおたくですか。

［こら　まあ　さあ　どれ　おや　もし　やれ］

ことばのまとめ ①

名前

月　日

❶ 次の文に合う助詞《じょし》を、[　]から選《えら》んで、書きましょう。

① 犬□走ってくる。

② 本□読む。

③ 海□船がうかんでいる。

④ えんぴつ□字を書く。

⑤ 弟□けんかをした。

⑥ 学校□行きます。

⑦ 辞典《じてん》□ひき方を教える。

⑧ 駅□□早く行こう。

⑨ ミキは、カオリ□□せが高い。

⑩ 風は南□□ふいてくる。

[より　で　に　の　を　へ　から　と　が　まで]

がんばってね！

2 次の漢字の正しい送りがなを書きましょう。

①加《くわわる》（　　）
②果《はたす》（　　）
③勇《いさむ》（　　）
④建《たてる》（　　）
⑤覚《おぼえる》（　　）
⑥参《まいる》（　　）
⑦残《のこる》（　　）
⑧辺《あたり》（　　）
⑨省《はぶく》（　　）
⑩浴《あびる》（　　）
⑪養《やしなう》（　　）
⑫固《かたまる》（　　）
⑬連《つらなる》（　　）
⑭治《おさめる》（　　）
⑮挙《あげる》（　　）
⑯好《このむ》（　　）
⑰最《もっとも》（　　）
⑱初《はじめて》（　　）
⑲量《はかる》（　　）

ことばのまとめ ②

名前

月　日

1 次の慣用句《かんようく》の意味で正しいものを、線で結《むす》びましょう。

(1)
① あいづちを打つ・　・気になることがあって集中できないこと
② うわの空・　・相手の話にうなずいてさん成《せい》すること
③ はばをきかせる・　・きげんを悪くすること
④ へそを曲げる・　・ゆだんやすきのないこと
⑤ ぬけ目がない・　・思いのままにえらそうにふるまうこと

(2)
① さじを投げる・　・あきらめて、やめてしまうこと
② 水のあわ・　・十分にたしかめること
③ かたずをのむ・　・せっかくの努力《どりょく》がむだになること
④ 念《ねん》をおす・　・まちがいなどを、とがめずにゆるすこと
⑤ 大目に見る・　・息をころして、様子を見つめること

❷ 次のように読む漢字を書きましょう。

① あげる
たなに□げる
手を□げる

② あたり
その□り
くじの□たり

③ しょうか
火事の□
食べ物を□する

④ てんこう
□が悪い
□生

⑤ はっせい
スモッグが□した
歌の□

⑥ かこう
火山の□を見る
魚の□品

⑦ あつ
□い夏
□いふろ

⑧ かいてん
□ドア
□祝い

⑨ じてん
国語□
□車

文の組み立て（主語・述語）①

名前

月　日

主語は、「何が（は）」「だれが」「〜も」に当たる言葉です。

1 次の――線の述語《じゅつご》に対する主語を書きましょう。

① 馬が　とても　速く　走りぬけた。

② 夕日は　とても　赤い。

③ 梅《うめ》もさくらも　春の終わりに　実をつける。

④ 夏になると　兄は　毎年　山へ　行っている。

述語は、「どうする」「何だ」「どんなだ」に当たる言葉です。

2 次の――線の主語に対する述語を書きましょう。

① 姉は　中学校に　通っている。

② 昨日《きのう》　図書館で　ぼくは　本を　借《か》りました。

③ さくらの　花びらが　たくさん　落ちている。
④ ほんとうに　やさしいよ、ぼくの　兄さんは。

（　）（　）

3 次の文の主語と述語を書きましょう。

① カラスが　種《たね》を　ほじくった。
② 野球場で　試合《しあい》が　始まった。
③ 特急《とっきゅう》電車が　ものすごい　スピードで　進んできた。
④ 今朝《けさ》、朝顔が　三つ　さいた。
⑤ 海には　多くの　船が　行き来している。
⑥ 車が　通りすぎても　父は　その場から　動かなかった。

① 主語（　）述語（　）
② 主語（　）述語（　）
③ 主語（　）述語（　）
④ 主語（　）述語（　）
⑤ 主語（　）述語（　）
⑥ 主語（　）述語（　）

文の組み立て（主語・述語）②

名前

月　日

1 次の文の主語と述語《じゅつご》を書きましょう。主語がないときは×をつけましょう。

① かわいい小鳥が、にぎやかに　さえずる。

主語（　　）
述語（　　）

② 早く家を出ないと、ちこくする。

主語（　　）
述語（　　）

③ 昨日《きのう》に続《つづ》いて、今日もとても寒かった。

主語（　　）
述語（　　）

④ 仲《なか》の良《よ》い友達《ともだち》と、いっしょに海で泳いだ。

主語（　　）
述語（　　）

⑤ いとこのお父さんは、四月からイギリスへ行くそうだ。

主語（　　）
述語（　　）

⑥ あなたの赤えんぴつをぼくにくれませんか。

主語（　　）
述語（　　）

② 次の文を、例《れい》のように分け、その中から主語と述語を書きましょう。

〈例〉 兄は四月から高校生だ。→（兄は）（四月から）（高校生だ）

主語（兄は） 述語（高校生だ）

① 地しんは、間もなくおさまった。

（　）（　）（　）

主語（　） 述語（　）

② 花だんにまいた花の種《たね》から、芽《め》が出てきたよ。

（　）（　）（　）（　）（　）

主語（　） 述語（　）

③ 遠くの山は、昨日の雪で真っ白になっている。

（　）（　）（　）（　）（　）（　）

主語（　） 述語（　）

④ あの先生は、いつもやさしく、子どもに話しかける。

（　）（　）（　）（　）（　）

主語（　） 述語（　）

文の組み立て（修飾語）①

名前

月　日

1 次の——線の修飾語《しゅうしょくご》が表すものを［　］から選《えら》んで、記号を書きましょう。

① 姉は、台所で（　）料理《りょうり》を（　）しています。

② 夜には、（　）デパートから　大きな（　）荷物が　とどきます。

③ 弟は、校庭で（　）うれしそうに（　）遊んでいた。

④ 昨日《きのう》は（　）雪が　しんしんと（　）ふり、辺《あた》りは　雪景色《ゆきげしき》に　なった。

⑤ 先生の　話に、ぼくは　思い切り（　）笑《わら》った。

ア　いつ
イ　どこで
ウ　どんな
エ　何を
オ　どのように

2 次の――線の修飾語がくわしくしている言葉をさがして、書きましょう。

① 赤い ぼうしの 女の子は、私の 妹です。（　　　）

② たまねぎを 細かく きざんだ。（　　　）

③ おやつは 母の 作った イチゴケーキだ。（　　　）

④ ベルの 大きな 音が 運動場に ひびいた。（　　　）

⑤ たぶん 足の おそい 兄は いやと 言うだろう。（　　　）

3 次の文に合う言葉を［　］から選んで、記号を書きましょう。

① そんなこと、（　　　）知らなかった。

② 体育の時間には（　　　）ぼうしをかぶります。

③ （　　　）入道雲が（　　　）たちのぼっている。

④ （　　　）赤ちゃんが（　　　）ねている。

⑤ （　　　）お寺のかねが（　　　）鳴った。

ア まったく　イ とつぜん
ウ 白い　エ かわいい
オ むくむくと　カ 赤・白の
キ ゴーンと　ク すやすやと

文の組み立て（修飾語）②

名前

月　日

❶ 次の——線の言葉をくわしくしている言葉をさがして、書きましょう。

① 赤ちゃんは、おいしそうに飲んだ。
（　　　）

② 赤い金魚は、すいすいと泳いでいた。
（　　　）

③ にやりと小さな女の子は笑《わら》った。
（　　　）

④ 空が暗くなると、急に雨がふりだした。
（　　　）

⑤ ぼくは、昨日《きのう》動物園に行った。
（　　　）（　　　）

⑥ かわいい犬が、じっとぼくを見ている。
（　　　）（　　　）

② 次の文を主語、述語《じゅつご》、修飾語《しゅうしょくご》に分けて書きましょう。

① ぼくは、三時に家でおやつのケーキを食べました。

（　　）は
（　　）に
（　　）で
（　　）の →（　　）を
→（　　）ました。

② 友達《ともだち》の大山さんが、病気で、一週間、学校を休んだ。

（　　）→ 大山さんが
（　　）
（　　）
→（　　）
一週間 →

③ 青く晴れわたった空に、白い雲がうかんでいる。

（　　）→ 雲が →（　　）
（　　）→（　　）→（　　）→（　　）

こそあど言葉 ①

名前

月　日

1 次の文に合う言葉を[　]から選《えら》んで、書きましょう。

① ここにある（　　　　）のこぎりを使ってごらん。

② 向こうに見える（　　　　）家まで歩きなさい。

③ あそこで泣《な》いているのは（　　　　）のクラスの子ですか。

④ あなたのそばにある（　　　　）花はとてもきれいだ。

⑤ 図書館にある本は（　　　　）本もおもしろそうだ。

⑥ 町の西に、赤い橋があります。（　　　　）に近づくと高い木が見えます。

そこ	どの	この	その	あの	どこ

② 次の表を見て、あてはまる言葉を書きましょう。

	話し手に近い	聞き手に近い	どちらにも遠い	はっきりわからない
もの	これ	④	⑧	⑫
場所	①	そこ	⑨	⑬
方向	②	⑤	あちら	⑭
ようす	③	⑥	⑩	どんな
指しめす	この	⑦	⑪	⑮

こそあど言葉 ②

名前

月　日

1 次の文に合う言葉を［　］から選《えら》んで、記号を書きましょう。

① 花が「わたし」の近くにあるときの言い方。（　　）

② 花が相手の近くにあるときの言い方。（　　）

③ 花が「わたし」から遠くにあるときの言い方。（　　）

④ 「わたし」の花がわからないときの言い方。（　　）

ア どれがわたしの花ですか。　イ あれはわたしの花です。

ウ それはわたしの花です。　エ これはわたしの花です。

2 次の――線の言葉が指している言葉を書きましょう。

〈例〉昨日《きのう》、新しい本を買った。今日《きょう》は、それを持って来た。

（新しい本）

① 北国は雪が多い。ここでは、スキーが生活に欠《か》かせない。
（　　　　）

② 向こうに高い木が見える。あれがゴールだ。
（　　　　）

③ 太一さんは、お母さんにこう言った。「おこづかいふやしてよ。」
（　　　　）

④ 駅前にはふん水があります。そこはいつも人でいっぱいだ。
（　　　　）

⑤ 向こうに明かりが見えた。男はその方へ、全力で走って行った。
（　　　　）

⑥ 以前《いぜん》は、お兄さんとよく野球をした。それが今でも思い出に残《のこ》っている。
（　　　　こと）

⑦ 五月にも同じ山に登った。そのときは、とても天気が良《よ》かった。
（　　　　とき）

つなぎ言葉 ①

名前

月　日

1 次の文に合うつなぎ言葉を、[　]から選《えら》んで、書きましょう。

① ドアをたたいた。（　　）ドアが中から開いた。

② 熱《ねつ》が出た。（　　）学校を休んだ。

③ 明日《あす》は、晴れるかな。（　　）雨かな。

④ わたしの好物《こうぶつ》は、バナナ、ピザ、（　　）おすしです。

⑤ 君は、体育がとく意だ。（　　）絵も上手《じょうず》だ。

⑥ 夏はいつも暑い。（　　）今年の夏はすずしかった。

しかし　それとも　だから　それに　すると　そのうえ

ちょっとむずかしいぞ！
できるかな！？

2 次の二つの文をつなぐ言葉として、正しい方を選んで、○をつけましょう。

① ・とてもねむかった
　・休まなかった。
　（　）しかし　（　）だから

② ・今日《きょう》は雨だった
　・外へ出なかった。
　（　）すなわち　（　）それで

③ ・必死《ひっし》に走った
　・電車に乗りおくれた。
　（　）それでも　（　）すると

④ ・風が強くなってきた
　・雨もふってきた。
　（　）そのうえ　（　）そこで

⑤ ・コーヒーにしますか
　・お茶にしますか。
　（　）つまり　（　）それとも

⑥ ・明日は遠足です
　・早くねましょう。
　（　）ところで　（　）だから

⑦ ・ゲームを買ってもらった
　・一番高いものだ。
　（　）やっぱり　（　）しかも

つなぎ言葉 ②

名前

月　日

1 次のつなぎ言葉と同じはたらきをするものを選《えら》んで、線で結《むす》びましょう。

① けれども	・　・	それで・だから
② そして	・　・	また・それから
③ ですから	・　・	でも・ところが
④ または	・　・	では・ところで
⑤ さて	・　・	それとも・あるいは
⑥ つまり	・　・	ようするに・よって

2 次の二つの文が同じ意味になるように、□から言葉を選んで、書きましょう。
（二回使うものもあります）

① きのうは、雨がふった。（しかし）大雨ではなかった。
　きのうは、雨がふった（　　）、大雨ではなかった。

② きのうは、雨がふった。（それに）風もふいた。
　きのうは、雨がふった（　　）、風もふいた。

③ きっと母さんがむかえにくる。（それで）かさは借《か》りなくてもよい。
　きっと母さんがむかえにくる（　　）、かさは借りなくてもよい。

④ 君は知っていた。（しかし）教えてくれなかったね。
　君は知っていた（　　）教えてくれなかったね。

ので　のに　し

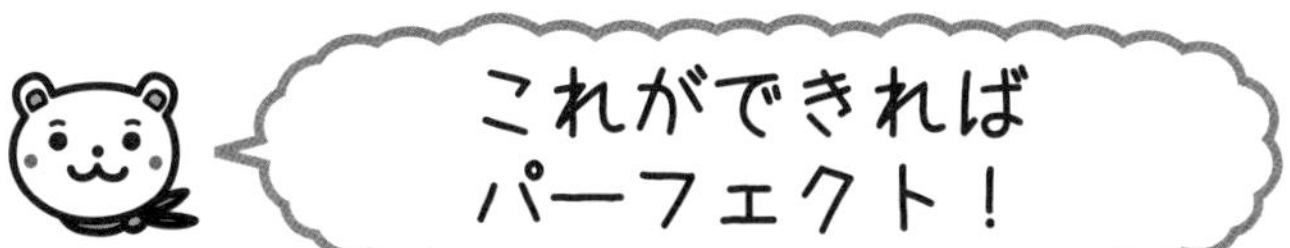

省略文・倒置文

名前

月　日

前後の関係やその場のようすから、主語や述語《じゅつご》が省略《しょうりゃく》されても（省《はぶ》かれても）意味のわかる文を、省略文といいます。

〈例〉「お母さんは、出かけたの。」「（お母さんは）出かけたよ。」

1 次の□の文で省略されている言葉を選《えら》んで、線で結《むす》びましょう。

① 「あなたの名前は何といいますか。」「橋口《はしぐち》ともみです。」 ・　　・ ぼくの妹は

② 「君の妹は四年生でしたね。」「はい、四年生です」 ・　　・ が一等でした。

③ 「リレーで一等だったのは何組だったの。」「二組。」 ・　　・ わたしの名前は

④ 「時計《とけい》をこわしたでしょう。」 ・　　・ 時計をこわしたのは

⑤ 「ぼくではありません。」 ・　　・ あなたは

文の一部を入れかえて意味を強める文を、倒置文《とうちぶん》といいます。

〈例〉「この夏ミカンは、おいしいよ。」
「おいしいよ、この夏ミカンは。」

2 次の文は倒置文です。文を入れかえて、ふつうの文にしましょう。

① 「こんなに大きかったんだね、ジンベイザメって。」
（　　　　　　　　）

② 「この川には魚がいたのよ、お母さんが子どものころは。」
（　　　　　　　　）

③ 「光さえもにげられないのです、ブラックホールでは。」
（　　　　　　　　）

④ 「たしかにこの辺《あた》りだったんだけどなあ、かぎを落としたのは。」
（　　　　　　　　）

ならべかえ

名前

月　日

次の文を見て、問いに答えましょう。

(1) 文をならべかえて、正しい文章になるように番号を書きましょう。

（　）ぼくは、日曜日に弟と「あけぼの商店街《しょうてんがい》」へ買い物に行きました。

（　）「スーパーマーケットなら、こんなに回らずにすんだのに。」と思いました。

（　）お母さんからわたされたメモを見ながら、いくつかの店を回ります。

（　）「商店街の方が、種類《しゅるい》が多いし、新せんなものがあることも多いのよ。」

（　）パン屋さんの前を通ったのに、メモを見て、またもどったりしました。

（　）買い物から帰って、お母さんにそのことを話してみました。

（　）「そうなのか。でもぼくはスーパーマーケットの方が便利《べんり》だな」と思いました。

（　）次の日、学校で「自分の家の買い物調べ」をしようと発言しました。

(2) (1)の文の内ようをまとめているものを選《えら》んで、○をつけましょう。

（　）商店街をもっと利用《りよう》しようと思ったお話。

（　）スーパーマーケットをもっと利用しようと思ったお話。

（　）商店街やスーパーマーケットがどんなふうに利用されているか気になったお話。

(3) 文に題名をつけるなら、どれがよいですか。○をつけましょう。

（　）弟との買い物　　（　）あけぼの商店街

（　）商店街とスーパーマーケットのちがい　　（　）お母さんのメモ

(4) (1)の文のそのこととはどんなことですか。○をつけましょう。

（　）弟とあけぼの商店街へ買い物に行ったこと

（　）スーパーマーケットなら多くの店を回らずにすんだこと

（　）自分の家の買い物調べをしようと発言したこと

改行

名前

月　日

文章のまとまりの意味が変《か》わるときや、会話文のときなどに改行《かいぎょう》（行がえ）することで読みやすくなります。読み手にも文章の意味がよく伝《つた》わります。

〈例《れい》〉その人は、お父さんによくにていた。「お父さん！」と声をかけた。ふり向いた人は、全然《ぜんぜん》ちがう男の人だった。

↓

その人は、お父さんによくにていた。

「お父さん！」

と声をかけた。ふり向いた人は、全然ちがう男の人だった。

次の文を見て、改行をした方が良《よ》い文の番号を選《えら》んで（　）に書きましょう。

(1)

①クラスのグループでお寺をさがすことになった。②たばこ屋さんのお兄さんに聞いてみた。③「ええっ！　お寺なんて行ったことないなあ。」④今度はパン屋さんに聞いてみたけど、やっぱり知らないそうだ。

（　）（　）

(2)

①わたしは、さくらんぼについて調べてみました。②すると、山形県《やまがたけん》が有名な産《さん》地《ち》でした。③しゅうかくされるのは、六月の初《はじ》めから七月の中ごろにかけてだそうです。④ほかに山形県の名産について調べてみることにしました。⑤ラ・フランスという洋ナシもたくさん作っているそうです。⑥お母さんが、⑦「ラ・フランスをいただいたの。変《か》わった形だけど、とてもおいしいから食べてごらん。」⑧と言っていたことがあります。

（　）（　）（　）（　）

(3)

①だれでもかんたんに作れる、とてもかわいいぬののバッグの作り方をしょうかいしましょう。②まず、用意するものは、表用のぬのと、うらに使うぬの、持ち手二本、ボタン一こ。③手芸屋《しゅげいや》さんで全部買うことができます。④次に作り方です。⑤図のような八つの順番《じゅんばん》に分かれます。⑥むずかしそうと思った人もだいじょうぶです。⑦来週はマフラーをしょうかいします。

（　）（　）（　）

段落

名前

月　日

❶ 次の文を読んで、後の問いに答えましょう。

田んぼへ行ってタニシをひろい、細いタコ糸を五十センチくらいに切って、竹のぼうの先にくくりつけた。アキラもサトシもさそってテナガエビとりに行くのだ。アキラの家に行ったら、すぐに出てきた。二人でサトシの家に行った。出てこない。二人で顔を見合わせて、首をかしげた。

そういえば二日前のことー。サトシが大きなカバンを持っていたのを見た。

① 文は、いくつの段落《だんらく》に分けられますか。

（　　）つ

② 二つ目の段落の始めの五文字を書きましょう。

□□□□□

❷ 次の文を読んで、後の問いに答えましょう。

春になると、たんぽぽなどの花がさいたり、モンシロチョウが飛《と》んでいたりするのをよく見かけますね。これは、冬よりも気温が高くなってあたたかくなると、さまざまな植物や生き物が活動を始めるからです。
　そこで、ヘチマを育てて実さいに季節《きせつ》のうつり変《か》わりを観察《かんさつ》していきましょう。
①ヘチマの種《たね》をまき、育てる。②係を決めて、ヘチマの成長《せいちょう》のようすを観察して記録《きろく》する。③気温をはかって記録し、ヘチマの成長とあたたかさの関係《かんけい》を調べる。
　こん虫についても調べてみましょう。

① 文を段落（まとまり）に分けます。それぞれの段落の内ように合うように□に言葉を書きましょう。

ア 春の□□や生き物　イ □□□の観察　ウ □□□の観察

② 一つ目から三つ目の段落のはじめの五文字を書きましょう。

1 □□□□□
2 □□□□□
3 □□□□□

③ 文に題名をつけるなら、どれがよいですか。記号を書きましょう。

ア 春　イ 気温と生き物の関係　ウ ヘチマの観察

（　　）

段落の関係

名前　　　月　　日

1 次の文に合う言葉を［　］から選《えら》んで、記号を書きましょう。

① 説明文《せつめいぶん》を読むときには、（　　）に気をつけて、その部分の（　　）は何かを考え、文章全体の（　　）を読み取ることが大事です。

② 説明文では、（　　）が一番中心にして書いているのはどの部分か、また、（　　）の段落《だんらく》は、（　　）の方のどの部分と（　　）があるかについて、考えてみることが大切です。

ア　はじめ　イ　筆者　ウ　結《むす》び　エ　関係《かんけい》　オ　組み立て　カ　要点《ようてん》　キ　段落

2 次の文を読んで後の問いに答えましょう。

① 草むらから飛《と》び立ったバッタをつかまえようと、バッタのおりた所に行ってみても、もう見つからない、こんなけい験《けん》は、よくあります。これは、バッタの色が、草の色

にょくにているからです。動物は、このように、身を守るための自然《しぜん》の仕組みをもっています。

②アブラナやダイコンの葉にいるアオムシは、モンシロチョウのよう虫です。アオムシも、バッタと同じように葉の色ににた緑色をしています。

③ライチョウは、冬、辺《あた》りが雪にうずまっているころは、羽や毛が真っ白です。ところが春になって雪がとけると、地面の色ににた茶色でまだらの羽になります。

④シャクトリムシは、かれえだににていたり、コノハチョウが木の葉にそっくりだったりします。

(1) この文の組み立てで、正しいものを選んで、○をつけましょう。

ア（　　）

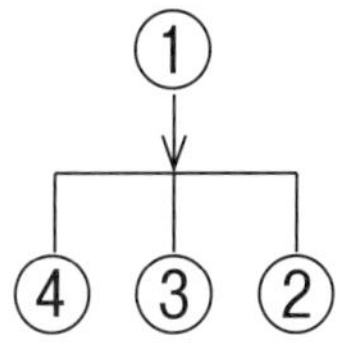

イ（　　）

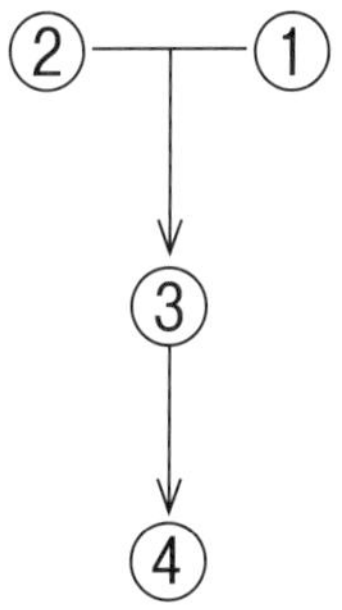

ウ（　　）

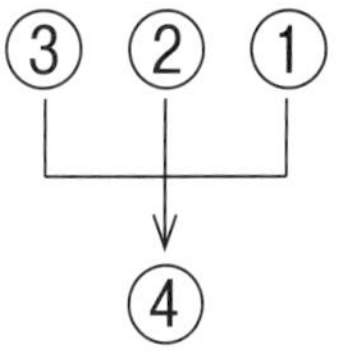

(2) 文に題名をつけるなら、どれがよいですか。記号を書きましょう。

ア　おもしろい形　　イ　身を守る色　　ウ　動物の形

（　　）

国語辞典の使い方 ①

名前

月　日

1 国語辞典《じてん》で言葉を調べると、次の意味がありました。それぞれにふさわしい意味を［　］から選《えら》んで、記号を書きましょう。

(1)「みる」

①つらいめをみる。（　）
②妹の勉強をみる。（　）
③少し飲んでみる。（　）
④手相をみる。（　）

ア ためす　イ 世話をする　ウ 調べる　エ 経験《けいけん》する

(2)「重い」

①重い荷物を持つ。（　）
②重い病気にかかる。（　）
③気が重くなる。（　）
④注意を重く受け止める。（　）

ア 程度《ていど》が大きい　イ 目方が多い　ウ はればれしない　エ 重大に

いろんな意味があるね！

2 次の言葉を国語辞典で調べたとき、出てくる順番《じゅんばん》を書きましょう。

①
しか（　）
あひる（　）
たぬき（　）
きつね（　）

②
やしき（　）
やなぎ（　）
やり（　）
やもり（　）

③
あまどい（　）
あまぐも（　）
あまざけ（　）
あまだれ（　）

3 次の言葉を調べたとき、出てくる順番を書きましょう。

①
ポール（　）
ぼうし（　）
ボール（　）
ホール（　）

②
きょうぎ（　）
ぎょうじ（　）
きょう（　）
きょうざい（　）

③
はは（　）
はば（　）
パパ（　）
バス（　）

国語辞典は、言葉は五十音順に出てきます。また二字目、三字目も五十音順になっています。

国語辞典は「からす」は「がらす」の前に出てきます。半だく音で「ばん」は「ぱん」の前に出てきます。

国語辞典の使い方 ②

名前

月　日

1 国語辞典《じてん》では「選《えら》びました」という言葉を調べるときは、「選ぶ」という言い切りの形で調べます。次の——線の言葉を言い切りの形にして、書きましょう。

① お手紙は、ていねいに書きます。
（　　　　）

② ここでは、静《しず》かに目をとじなさい。
（　　　　）

③ 家を空けて遊びに行ってはいけない。
（　　　　）

④ 大声で先生をよんだ。
（　　　　）

⑤ 荷物はつくえに置《お》いてください。
（　　　　）

⑥ この本の良《よ》かったところをしょうかいしましょう。
（　　　　）

② 次の——線の言葉を、言い切りの形にして書きましょう。

ジョニーたちは初《はじ》めてその谷を見た①。野ざらしの強風がふきすさんで②、一歩まちがえ③ば谷へまっさかさまという山のちょう点だ。ごつごつした岩はだに、その風に負けない④ように草が生えている。

「うわぁ……。」

だれかがため息のような声をもらしたが⑤、ジョニーたちは声をおしころした⑥。足もとは赤茶けたガケで、無数《むすう》に真っ黒なあなが開いている。その間に、はげかかった白い岩でできた家がひしめき⑦、中には教会もある。ここに昔、人びとが住んでいたのだ。

雲が一か所切れて、岩でできた教会に光がつきささっていた⑧。

①（　　　）
②（　　　）
③（　　　）
④（　　　）
⑤（　　　）
⑥（　　　）
⑦（　　　）
⑧（　　　）

漢字辞典の使い方 ①

名前

月　日

1 「遠」という字を調べます。次の場合、どんな調べ方がよいか、□から選《えら》んで、記号を書きましょう。

① あいさんは、「とおい」という読み方しかわかりません。（　）

② とおるさんは「しんにょう」という部首だと知っています。（　）

③ ひとみさんは部首も読み方もわかりません。（　）

ア 部首引き
イ 音訓《おんくん》引《び》き
ウ 総画《そうかく》引《び》き

2 次の漢字の部首名を□から選んで、記号を書きましょう。

① 宿……（　）

② 熱《ねつ》……（　）

③ 陽……（　）

④ 病……（　）

⑤ 郡《ぐん》……（　）

⑥ 練……（　）

ア いとへん　イ やまいだれ　ウ こざとへん　エ れんが・れっか
オ おおざと　カ うかんむり

③ 「管」という漢字を、音訓引きで調べます。あてはまる言葉を書きましょう。

「管」は、音読みの（　　　）か、訓読みの（　　　）から調べることができます。
音読みをもつ漢字は多いので、訓読みから調べることにしました。

④ 次の漢字の総画数を調べて書きましょう。

① 陸《りく》……（　　　）　② 包《つつみ》……（　　　）　③ 号……（　　　）
④ 登……（　　　）　⑤ 脈《みゃく》……（　　　）　⑥ 女……（　　　）

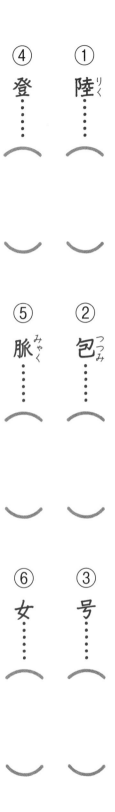

漢字辞典の使い方 ②

名前

月　日

漢字辞典《じてん》では、木（きへん）、竹（たけかんむり）などのように、同じ部首をもつ漢字がひとまとまりになっています。部首は、漢字を引くための見出しになっていて、画数の少ない順《じゅん》にならんでいます。

・国→部首（囗）（三画）　・病→部首（疒）（五画）　・顔→部首（頁）（九画）

1 次の漢字の部首と、部首の画数を書きましょう。

① 低《てい》→□（　画）
② 海→□（　画）
③ 上→□（　画）
④ 秋→□（　画）
⑤ 発→□（　画）
⑥ 宿→□（　画）
⑦ 点→□（　画）
⑧ 老《ろう》→□（　画）
⑨ 開→□（　画）
⑩ 道→□（　画）
⑪ 電→□（　画）

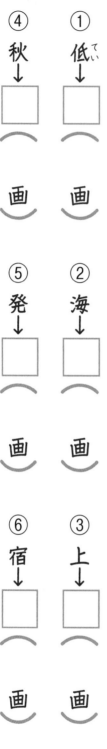

② 次の漢字が、漢字辞典に説明《せつめい》されている順番を書きましょう。

(1)

① 満（4）　※「水」の部

② 柱（3）

③ 粉（　）

④ 験（　）

⑤ 利（　）

⑥ 下（　）

(2)

① 村（　）

② 林（　）

③ 機（　）

④ 柱（　）

⑤ 標（　）

⑥ 札（　）

⑦ 植（　）

(3)

① 深（4）

② 治（　）

③ 消（　）

④ 漢（　）

⑤ 浅（　）

⑥ 清（5）

⑦ 漁（　）

都道府県の漢字

名前

月　日

1 ①～㊼の都道府県名《とどうふけんめい》をなぞりましょう。

① 北海道《ほっかいどう》
② 青森《あおもり》県
③ 岩手《いわて》県
④ 宮城《みやぎ》県
⑤ 秋田《あきた》県
⑥ 山形《やまがた》県
⑦ 福島《ふくしま》県
⑧ 茨城《いばらき》県
⑨ 栃木《とちぎ》県
⑩ 群馬《ぐんま》県
⑪ 埼玉《さいたま》県
⑫ 千葉《ちば》県
⑬ 東京《とうきょう》都《と》
⑭ 神奈川《かながわ》県
⑮ 新潟《にいがた》県
⑯ 富山《とやま》県
⑰ 石川《いしかわ》県
⑱ 福井《ふくい》県
⑲ 山梨《やまなし》県
⑳ 長野《ながの》県
㉑ 岐阜《ぎふ》県
㉒ 静岡《しずおか》県
㉓ 愛知《あいち》県
㉔ 三重《みえ》県
㉕ 滋賀《しが》県
㉖ 京都《きょうと》府《ふ》
㉗ 大阪《おおさか》府《ふ》
㉘ 兵庫《ひょうご》県
㉙ 奈良《なら》県
㉚ 和歌山《わかやま》県
㉛ 鳥取《とっとり》県
㉜ 島根《しまね》県
㉝ 岡山《おかやま》県
㉞ 広島《ひろしま》県
㉟ 山口《やまぐち》県
㊱ 徳島《とくしま》県
㊲ 香川《かがわ》県
㊳ 愛媛《えひめ》県
㊴ 高知《こうち》県
㊵ 福岡《ふくおか》県
㊶ 佐賀《さが》県
㊷ 長崎《ながさき》県
㊸ 熊本《くまもと》県
㊹ 大分《おおいた》県
㊺ 宮崎《みやざき》県
㊻ 鹿児島《かごしま》県
㊼ 沖縄《おきなわ》県

② ①～㊼の都道府県名を書きましょう。

北海道《ほっかいどう》地方

- ① ほっかいどう

東北《とうほく》地方

- ② あおもり　県
- ③ いわて　県
- ④ みやぎ　県
- ⑤ あきた　県
- ⑥ やまがた　県
- ⑦ ふくしま　県

近畿《きんき》地方

- ㉔ みえ　県
- ㉕ しが　県
- ㉖ きょうとふ
- ㉗ おおさかふ
- ㉘ ひょうご　県
- ㉙ なら　県
- ㉚ わかやま　県

関東《かんとう》地方

- ⑧ いばらき　県
- ⑨ とちぎ　県
- ⑩ ぐんま　県
- ⑪ さいたま　県
- ⑫ ちば　県
- ⑬ とうきょうと
- ⑭ かながわ　県

中国《ちゅうごく》地方

- ㉛ とっとり　県
- ㉜ しまね　県
- ㉝ おかやま　県
- ㉞ ひろしま　県
- ㉟ やまぐち　県

四国《しこく》地方

- ㊱ とくしま　県
- ㊲ かがわ　県
- ㊳ えひめ　県
- ㊴ こうち　県

中部《ちゅうぶ》地方

- ⑮ にいがた　県
- ⑯ とやま　県
- ⑰ いしかわ　県
- ⑱ ふくい　県
- ⑲ やまなし　県
- ⑳ ながの　県
- ㉑ ぎふ　県
- ㉒ しずおか　県
- ㉓ あいち　県

九州《きゅうしゅう》地方

- ㊵ ふくおか　県
- ㊶ さが　県
- ㊷ ながさき　県
- ㊸ くまもと　県
- ㊹ おおいた　県
- ㊺ みやざき　県
- ㊻ かごしま　県
- ㊼ おきなわ　県

ローマ字①

名前

月　　日

2 次の日本語を、ローマ字で書きましょう。

① おとうさん

② おかあさん

③ いもうと

④ おとうと

⑤ さんすう

⑥ とうだい

⑦ でんしゃ

⑧ ぎゅうにゅう

⑨ にんぎょう

⑩ おもちゃ

1 次のローマ字を、ひらがなで書きましょう。

① ame (　　　　　)　② kame (　　　　　)

③ asi (　　　　　)　④ hasi (　　　　　)

⑤ ika (　　　　　)　⑥ sika (　　　　　)

⑦ nami (　　　　　)　⑧ niwa (　　　　　)

⑨ numa (　　　　　)　⑩ neko (　　　　　)

⑪ kitte (　　　　　)　⑫ nikki (　　　　　)

⑬ zassi (　　　　　)　⑭ gakkô (　　　　　)

② 次のひらがなを、最初《さいしょ》の一文字を大文字にしてローマ字で書きましょう。

〈例〉 Hokkaidô

Yamada-Tarô

① きゅうしゅう

② おきなわ

③ なごや

④ きょうと

⑤ あまがさき

⑥ さとう　たける

ローマ字には、「A」のような大文字と、「a」のような小文字があります。地名や人名を書くときは最初の一文字を大文字で書きます。

名前

月 日

① 次の言葉をローマ字で書きます。正しいものを選《えら》んで、〇をつけましょう。

① はな　ア hona　イ hana　ウ hono

② かびん　ア kobin　イ koban　ウ kabin

③ はやし　ア hayasi　イ hoyasi　ウ heyasi

④ きゅう食　ア kyusoku　イ kyusyoki　ウ kyûsyoku

⑤ たっきゅう　ア takyu　イ takkyû　ウ takyou

⑥ なっとう　ア natou　イ nattô　ウ nattou

⑦ 月曜日　ア getuyobi　イ getuyôbi　ウ getiyobi

⑧ 日本　ア Nippon　イ Nipon　ウ Nipyon

⑨ ぱんや　ア panya　イ panha　ウ pan'ya

② ローマ字の文はひらがなと漢字で、ひらがなと漢字の文はローマ字で書きましょう。

① Kyô wa dôbutuen e ikimasu.

(　　　　　　　　　　　　　　　　)

② Natuzora ni nyûdôgumo ga deru.

(　　　　　　　　　　　　　　　　)

③ Kotosi wa budô ga takusan dekita.

(　　　　　　　　　　　　　　　　)

④ Densya ga tekkyô o wataru.

(　　　　　　　　　　　　　　　　)

⑤ この駅は、「ひがしうら」です。

⑥ お父さんとトランプをした。

⑦ とくい料理はカレーだ。

名前

月　日

① 次の文を線で結《むす》び、意味の通じるようにしましょう。

(1) ① Rômazi de・　　・ア hazimete narau.

② Rômazi to・　　・イ yoko ni kaku.

③ Rômazi o・　　・ウ tegami o kaku.

④ Rômazi wa・　　・エ kanzi de kaku.

---

(2) ① Tomodati to・　　・ア purezento o morau.

② Tomodati wa・　　・イ asobi ni iku.

③ Tomodati no・　　・ウ ôi hô ga tanosî.

④ Tomodati kara・　　・エ ie o tazuneru.

---

(3) ① Gakkô de・　　・ア ikimasita.

② Gakkô niwa・　　・イ suki dewa nai.

③ Otukai ni・　　・ウ benkyô o suru.

④ Otukai wa・　　・エ tomodati ga iru.

※「～は」「～へ」「～を」は、「wa」「e」「o」と表しているよ。

② 次のヘボン式のローマ字をかなと漢字で書きましょう。

① Okashi o moraimasu.

(　　　　　　　　　　　　　　　　　　)

② Shika niwa tsuno ga aru.

(　　　　　　　　　　　　　　　　　　)

③ Jitensha de umi e《(へ)》 iku.

(　　　　　　　　　　　　　　　　　　)

④ Chikamichi o sagashita.

(　　　　　　　　　　　　　　　　　　)

⑤ Natsu wa《(は)》 mugicha ga oishiku kanjiru.

(　　　　　　　　　　　　　　　　　　)

⑥ Ojîsan ni tsukue o katte moraimashita.

(　　　　　　　　　　　　　　　　　　)

名前

月　　日

ローマ字には、訓令式《くんれいしき》という書き方と、少しちがう書き方のヘボン式があります。

表式／よみ方	訓令式	ヘボン式	表式／よみ方	訓令式	ヘボン式	表式／よみ方	訓令式	ヘボン式
し	si	shi	ち	ti	chi	じ(ぢ)	zi	ji
しゃ	sya	sha	ちゃ	tya	cha	じゃ(ぢゃ)	zya	ja
しゅ	syu	shu	ちゅ	tyu	chu	じゅ(ぢゅ)	zyu	ju
しょ	syo	sho	ちょ	tyo	cho	じょ(ぢょ)	zyo	jo
つ	tu	tsu	ふ	hu	fu	を	o	o (wo)

1 次の駅名は、ヘボン式で書いています。ひらがなで書きましょう。

① ISHIKAWA　（　　　　　　）

② MATSUE　（　　　　　　）

③ YAMAGUCHI　（　　　　　　）

④ HIMEJI　（　　　　　　）

⑤ MIYAKONOJÔ　（　　　　　　）

詩　よかったなあ

名前

月　日

次の詩を読んで、後の問いに答えましょう。

よかったなあ

まど・みちお

よかったなあ　草や木が
ぼくらの　まわりに　いてくれて
目のさめる　みどりの葉っぱ
美しいものの代表　花
かぐわしい実

よかったなあ　草や木が
何おく　何ちょう

① この詩は何連《なんれん》からできていますか。

（　　　　）

② この詩は、何がいてくれてよかったと思っているのですか。

（　　　　）

③ 第一連の「目のさめる」と同じ意味で使われている文を選《えら》びましょう。

（　）目のさめるような大きな音がした
（　）目のさめるような景色《けしき》が見える
（　）しかられて目のさめる思いがした

もっと数かぎりなく　いてくれて
どの　ひとつひとつも
みんな　めいめいに違《ちが》っていてくれて

よかったなあ　草や木が
どんなところにも　いてくれて
鳥や　けものや　虫や　人
何が訪《たず》ねるのをでも
そこで動かないで　待っていてくれて

ああ　よかったなあ　草や木がいつも
雨に洗《あら》われ
風にみがかれ
太陽にかがやいて　きらきらと

（『新しい国語　四上』東京書籍）

④ 第三連の草や木がいてくれるのは、どこですか。（　）に言葉を入れましょう。

草や木が（　　　　）いてくれて

⑤ 「きらきらと」の後に続く言葉は、次のどれがふさわしいですか。

（　）光って
（　）照《て》らされて
（　）いてくれて

⑥ この詩で伝《つた》えたいことは何でしょう。

（　）草や木があることはありがたいことだ
（　）草や木をこれからも育てていきたい
（　）草や木にかこまれて生活をしたい

詩　ふしぎ

名前

月　日

次の詩を読んで、後の問いに答えましょう。

ふしぎ

金子みすゞ

わたしはふしぎでたまらない、
黒い雲からふる雨が、
銀にひかっていることが。
わたしはふしぎでたまらない、

① この詩は、何連《なんれん》からできていますか。
（　　　）

② 一連と二連に共通《きょうつう》する「ふしぎ」とは何ですか。
（　　　）

③ 作者の一番言いたいことは、何連に書いていますか。
（　　　）

④ この詩の中に出てくる色を書きましょう。
（　　　）（　　　）
（　　　）（　　　）

青いくわの葉たべている、
かいこが白くなることが。

わたしはふしぎでたまらない、
たれもいじらぬ夕顔が、
ひとりでぱらりと開くのが。

わたしはふしぎでたまらない、
たれにきいてもわらってて、
あたりまえだ、ということが。

（『新しい国語　四上』東京書籍）

⑤この詩に使われている表げんの工夫《くふう》を三つ選《えら》びましょう。

（　）擬人法《ぎじんほう》（人のように表げんする）

（　）反復法《はんぷくほう》（言葉をくり返す）

（　）比喩《ひゆ》（別《べつ》のものにたとえる）

（　）倒置法《とうちほう》（言葉の順《じゅん》じょをぎゃくにする）

⑥この詩の中で「ふしぎ」と反対に使われている言葉は何ですか。

（　　　　　　　　　　）

⑦この詩で作者の思いに近いと思うもの一つに○をつけましょう。

（　）あたりまえな生活こそ大切である。

（　）あたりまえなことを聞くと、笑《わら》われるので聞かないほうがいい。

（　）ふしぎなことがあたりまえに思えるのはなぜだろう。

物語文　白いぼうし①

名前

月　日

次の文章を読んで、後の問いに答えましょう。

「これは、レモンのにおいですか。」

ほりばたで乗せたお客のしんしが、話しかけました。

「いいえ、夏みかんですよ。」

信号《しんごう》が赤なので、ブレーキをかけてから、運転手の松井《まつい》さんは、にこにこして答えました。

今日は、六月のはじめ。

夏がいきなり始まったような暑い日で

① お客のしんしは、何のにおいと思ったのですか。

（　　　　　　　　　）

② 本当は、何のにおいでしたか。

（　　　　　　　　　）

③ ――線は、だれが、だれに答えていますか。

（　　　　　）が

（　　　　　）に。

す。松井さんもお客も、白いワイシャツのそでを、うでまでたくし上げていました。

「ほう、夏みかんてのは、こんなににおうものですか。」

「もぎたてなのです。いなかのおふくろが、速達《そくたつ》で送ってくれました。においまでわたしにとどけたかったのでしょう。」

「ほう、ほう。」

「あまりうれしかったので、いちばん大きいのを、この車にのせてきたのですよ。」


（あまん きみこ『国語四上 かがやき』光村図書）

④ だれから夏みかんが送られてきましたか。

（　　　　　　　　）

⑤ 速達で送られてきたのは、どうしてだと松井さんは考えましたか。

（　　　　　　　　）から。

⑥ ⑤は送った人のどんな気持ちが表れていますか。次の中から選《えら》んで、○をつけましょう。

（　）物事を早く進めたい気持ち
（　）いつもきちんとしていたい気持ち
（　）子どもを思うやさしい気持ち

⑦ うれしかった松井さんは、それをどうしましたか。

（　　　　　　　　）

物語文　白いぼうし②

名前

月　日

次の文章を読んで、後の問いに答えましょう。

緑がゆれているやなぎの下に、かわいい白いぼうしが、ちょこんとおいてあります。松井《まつい》さんは車から出ました。

そして、ぼうしをつまみ上げたとたん、ふわっと何かが飛《と》び出しました。

「あれっ。」

もんしろちょうです。あわててぼうしをふり回しました。そんな松井さんの目の前を、ちょうはひらひら高くまい上がると、なみ木の緑の向こうに見えなくなってしまいました。

① なぜ、松井さんは車から出たのですか。

白い（　　　）が、（　　　）から。

② ぼうしから飛び出したのは、何ですか。

（　　　）

③ ここことは、どこのことですか。

（　　　）

④ ぼうしは、だれのものでしたか。

（　　　）

「ははあ、わざわざここにおいたんだな。」ぼうしのうらに、赤いししゅう糸で、小さくぬい取りがしてあります。

「たけやまようちえん　たけの　たけお」

小さなぼうしをつかんで、ため息をついている松井さんの横を、太ったおまわりさんが、じろじろ見ながら通りすぎました。

「せっかくのえものがいなくなっていたら、この子は、どんなにがっかりするだろう。」

ちょっとの間、かたをすぼめてつっ立っていた松井さんは、何を思いついたのか、急いで車にもどりました。

（あまん きみこ『国語四上　かがやき』光村図書）

⑤ なぜ、だれのぼうしかわかったのですか。

小さく（　　）に、（　　）から。

⑥ 松井さんがため息をついたのはなぜですか。

（　　）

⑦ えものとは何のことですか。

（　　）

⑧ この子とはだれのことですか。

（　）松井さん

（　）たけの　たけおくん

（　）おまわりさん

⑨ がっかりすると思ったのはなぜですか。

（　　）

物語文　白いぼうし　③

名前

月　日

次の文章を読んで、後の問いに答えましょう。


　すると、ぽかっと口をO《オー》の字に開けているよ男の子の顔が、見えてきます。「おどろいただろうな。まほうのみかんと思うかな。なにしろ、ちょうが化けたんだから――。」

「ふふふっ。」

　ひとりでにわらいがこみ上げてきました。でも、次に、

「おや。」

　松《まつ》井《い》さんはあわてました。バックミラーには、だれもうつっていません。ふり返っても、だれもいません。

「おかしいな。」

① 男の子の顔が見えたとき、松井さんはどう思いましたか。

男の子が（　　　　　　）だろう。

② なぜ、「まほうのみかん」なのですか。

（　　　　　　）が（　　　　　　）に化けたから。

③ 松井さんがあわてているのはなぜですか。

バックミラーには、（　　　　　　）から。

松井さんは車を止めて、考え考え、までの外を見ました。

そこは、小さな団地《だんち》の前の小さな野原でした。

白いちょうが、二十も三十も、いえ、もっとたくさん飛《と》んでいました。クローバーが青々と広がり、わた毛と黄色の花の交ざったたんぽぽが、点々《てんてん》のもようになっています。その上を、おどるように飛んでいるちょうをぼんやり見ているうち、松井さんには、こんな声が聞こえてきました。

「よかったね。」

「よかったよ。」

「よかったね。」

「よかったよ。」

それは、シャボン玉のはじけるような、小さな小さな声でした。


（あまん きみこ『国語四上 かがやき』光村図書）

④ そことは、何を指しますか。

（　　　　）

⑤ 文に出てくる色を、さがして三つ書きましょう。

ちょう（　　）

クローバーの（　　）

たんぽぽの花の（　　）

⑥「よかったね。」「よかったよ。」と言っているのはだれですか。

（　）男の子

（　）松井さん

（　）白いちょう

物語文　一つの花 ①

名前

月　日

1 次の文章を読んで、後の問いに答えましょう。

「一つだけちょうだい。」

これが、ゆみ子のはっきり覚《おぼ》えた最初《さいしょ》の言葉でした。

まだ戦争《せんそう》のはげしかったころのことです。

そのころは、おまんじゅうだの、キャラメルだの、チョコレートだの、そんな物は、どこへ行ってもありませんでした。おやつどころではありませんでした。食べるものといえば、お米の代わりに配給《はいきゅう》される、おいもや豆やかぼちゃしかありませんでした。

（今西　祐行『国語四上　かがやき』光村図書）

① このお話は、いつのころのことでしょう。

まだ（　　　　　　　　）ころのこと。

② ゆみ子が、最初に覚えた言葉は何でしたか。

「　　　　　　　　」

③ そんな物とは、どんなものですか。

（　　　　）（　　　　）（　　　　）

② 次の文章を読んで、後の問いに答えましょう。

「この子は一生、みんなちょうだい、山ほどちょうだいと言って、両手を出すことを知らずにすごすかもしれないね。一つだけのいも、一つだけのにぎりめし、一つだけのかぼちゃのにつけ――。みんな一つだけ。一つだけのよろこびさ。いや、よろこびなんて、一つだってもらえないかもしれないんだね。いったい、大きくなって、どんな子に育つだろう。」

そんなとき、お父さんは、きまってゆみ子をめちゃくちゃに高い高いするのでした。

（今西 祐行『国語四上 かがやき』光村図書）

① この子とは、だれのことですか。

（　　　　）

② 「みんな」が表しているものを、三つ書きましょう。

（　　　　）

（　　　　）

（　　　　）

③ お父さんは、どんな気持ちでゆみ子を高い高いしたと考えられますか。次の中から選《えら》んで、○をつけましょう。

（　）ゆみ子が、早く大きくなってほしいから。

（　）ゆみ子に、遠くを見せてやりたいから。

（　）ゆみ子がよろこぶことを一つでもしてやりたいから。

物語文　一つの花 ②

名前

月　日

次の文章を読んで、後の問いに答えましょう。


　それからまもなく、あまりじょうぶでないゆみ子のお父さんも、戦争《せんそう》に行かなければならない日がやって来ました。

　お父さんが戦争に行く日、ゆみ子は、お母さんにおぶわれて、遠い汽車の駅まで送っていきました。頭には、お母さんの作ってくれた、わた入れの防空頭巾《ぼうくうずきん》をかぶっていきました。

　お母さんのかたにかかっているかばん

① 文は、どんな日のことを書いていますか。
（　　　　）が
（　　　　）に行く日のこと。

② ゆみ子はお母さんにおぶわれて、どうしましたか。
汽車の駅まで（　　　　）。

③ ゆみ子は、何をかぶっていきましたか。
（　　　　）の（　　　　）

④ お母さんのかばんには、何が入っていましたか。

には、包帯《ほうたい》、お薬、配給《はいきゅう》のきっぷ、そして、大事なお米で作ったおにぎりが入っていました。

ゆみ子は、おにぎりが入っているのをちゃあんと知っていましたので、

「一つだけちょうだい。おじぎり、一つだけちょうだい。」

と言って、駅に着くまでにみんな食べてしまいました。お母さんは、戦争に行くお父さんに、ゆみ子の泣《な》き顔《がお》を見せたくなかったのでしょうか。

（今西 祐行『国語四上 かがやき』光村図書）

⑤ お母さんは、だれのために「大事なお米で」おにぎりを作っていましたか。次の中から選んで、○をつけましょう。

（　）戦争に行くお父さん

（　）おなかをすかせたゆみ子

⑥ なぜ、お母さんはゆみ子におにぎりを全部食べさせたのでしょうか。それがわかる文に線を引きましょう。

⑦ 戦争中であることがよくわかる言葉を、次の中から二つ選《えら》び、○をつけましょう。

（　）防空頭巾　（　）かばん

（　）配給のきっぷ　（　）汽車の駅

物語文　一つの花 ③

名前

月　日

1 次の文章を読んで、後の問いに答えましょう。

駅には、他にも戦争《せんそう》に行く人があって、人ごみの中から、ときどきばんざいの声が起こりました。また、別《べつ》の方からは、たえず勇《いさ》ましい軍歌《ぐんか》が聞こえてきました。

ゆみ子とお母さんの他に見送りのないお父さんは、プラットホームのはしの方で、ゆみ子をだいて、そんなばんざいや軍歌の声に合わせて、小さくばんざいをしていたり、歌を歌っていたりしていました。まるで、戦争になんか行く人ではないかのように。

（今西 祐行『国語四上　かがやき』光村図書）

① 駅の人ごみの中からは、どんな声が聞こえてきましたか。二つ書きましょう。

ときどき（　　　　　　　）

たえず（　　　　　　　）

② 「まるで、戦争になんか行く人ではないかのように」していたのはだれですか。

（　　　　　　　）

③ なぜそうしたと考えられますか。次の中から選《えら》び、○をつけましょう。

（　）歌があまり好《す》きではないから。

（　）人ごみがいやだったから。

（　）戦争には行きたくなかったから。

② 次の文章を読んで、後の問いに答えましょう。

それから、十年の年月がすぎました。

ゆみ子は、お父さんの顔を覚《おぼ》えていません。自分にお父さんがあったことも、あるいは知らないのかもしれません。

でも、今、ゆみ子のとんとんぶきの小さな家は、コスモスの花でいっぱいに包《つつ》まれています。

（今西 祐行『国語四上 かがやき』光村図書）

① とんとんぶきと同じ使われ方をしているものに、〇をつけましょう。

（　）かわらぶきの屋根。
（　）布でからぶきをする。
（　）ふきさらしのテント。

② 「コスモスの花でいっぱいに包まれています。」にこめられた作者の気持ちを、次の中から選んで、〇をつけましょう。

（　）ゆみ子とお母さんは花がすきなんだろう。
（　）コスモスの花と共《とも》に、お父さんの思い出が残《のこ》されているのだろう。
（　）庭の手入れがあまりできないほど、生活に追われているのだろう。

物語文　ごんぎつね ①

名前

月　日

次の文章を読んで、後の問いに答えましょう。

これは、わたしが小さいときに、村の茂《も》平《へい》というおじいさんから聞いたお話です。

昔は、わたしたちの村の近くの中山という所に、小さなお城《しろ》があって、中山様というおとの様がおられたそうです。

その中山から少しはなれた山の中に、「ごんぎつね」というきつねがいました。

① このお話は、だれが、だれから聞いたものですか。

（　　）が、
（　　）の（　　）という
（　　）から聞いたお話。

② 「わたしたちの村の近く」は、昔どんな様子だったと書いてありますか。

小さな（　　）があり、（　　）
という（　　）がおられたそうです。

③ 「ごん」はどんなきつねですか。

（　　）の（　　）ぎつね。

ごんは、ひとりぼっちの小ぎつねで、しだのいっぱいしげった森の中に、あなをほって住んでいました。そして、夜でも昼でも、あたりの村へ出てきて、いたずらばかりしました。畑へ入っていもをほり散《ち》らかしたり、菜種《なたね》がらのほしてあるのへ火をつけたり、百姓《ひゃくしょう》家のうら手につるしてあるとんがらし《（とうがらし）》をむしり取っていったり、いろんなことをしました。

（新美南吉『国語四下　はばたき』光村図書）

④「ごん」は、どこに、どのようにすんでいましたか。

（　　　　　）森の中に、

（　　　　　）すんでいた。

⑤「ほり散らかした」とは、どんな意味ですか。

（　）ほった後、ほったらかしにした。

（　）ほったり、ほらなかったりしていた。

（　）ほった後、ていねいにうめていた。

⑥「ごん」のしたいたずらを、三つ書きましょう。

（　　　　　）

（　　　　　）

（　　　　　）

物語文　ごんぎつね②

名前

月　日

次の文章を読んで、後の問いに答えましょう。

兵十《ひょうじゅう》がいなくなると、ごんは、ぴょいと草の中から飛《と》び出して、びくのそばへかけつけました。ちょいと、いたずらがしたくなったのです。ごんは、びくの中の魚をつかみ出しては、はりきりあみのかかっている所より下手の川の中を目がけて、ぽんぽん投げこみました。どの魚も、トボンと音を立てながら、にごった水の中へもぐりこみました。

いちばんしまいに、太いうなぎをつかみにかかりましたが、なにしろぬるぬるとすべりぬけるので、手ではつかめません。ごんは、（1）なって、頭をびくの中につっ

① 兵十がいなくなると、ごんは何をしましたか。

（　　　　）の中から飛び出して、

（　　　　）へ

（　　　　）。

② ごんはどんな思いで、①のようにしましたか。正しいものに○をつけましょう。

（　）びくの中を見たいな。

（　）魚を取って食べたいな。

（　）ちょっといたずらをしてやろう。

こんで、うなぎの頭を口にくわえました。うなぎは、キュッといって、ごんの首へまきつきました。そのとたんに兵十が、向こうから、

「うわあ、ぬすっとぎつねめ。」

とどなり立てました。ごんは、びっくりして、飛び上がりました。うなぎをふりすててにげようとしましたが、うなぎは、ごんの首にまきついたままはなれません。ごんは、そのまま横っ飛びに飛び出して、一生けんめいににげていきました。

ほらあなの近くのはんの木の下でふり返ってみましたが、兵十は追っかけては来ませんでした。

ごんは、ほっとして、うなぎの頭をかみくだき、やっと外して、あなの外の草の葉の上にのせておきました。

（新美 南吉『国語四下 はばたき』光村図書）

③（1）にはどの言葉があてはまりますか。次の中から選《えら》んで、○をつけましょう。

（　）かなしく

（　）じれったく

（　）うれしく

④ ごんは、うなぎをどうしましたか。

うなぎの（　　）をかみくだいて外し、（　　）の外の草の葉の上に（　　）。

⑤ ④は次のどちらのことがわかりますか。

（　）うなぎを食べようと思った。

（　）うなぎを食べるつもりはなかった。

物語文　ごんぎつね ③

名前

月　日

次の文章を読んで、後の問いに答えましょう。

次の日には、ごんは山でくりをどっさり拾って、それをかかえて兵十《ひょうじゅう》のうちへ行きました。

うら口からのぞいてみますと、兵十は、昼飯《ひるめし》を食べかけて、茶わんを持ったまま、ぼんやりと考えこんでいました。変《へん》なことには、兵十のほっぺたに、かすりきずがついています。どうしたんだろうと、ごんが思っていますと、兵十がひとり言を言いました。

「いったい、だれが、いわしなんかを、おれのうちへ放りこんでいったんだろ

① 兵十のほっぺたに、きずをつけたのは、だれですか。

（　　　　）

② どうして、そうなったのですか。

いわし屋に（　　　　）と思われたから。

③ 「考えこんでいた」兵十の気持ちを、次の中から選《えら》んで、○をつけましょう。

（　）いわしを取り返されて、くやしいな。

（　）一人だけの食事はさびしいな。

（　）だれが、いわしを放りこんでいったのだろう。

う。おかげでおれは、ぬすト人と思われて、いわし屋のやつにひどいめにあわされた。」

と、ぶつぶつ言っています。

ごんは、「これは（１）。」と思いました。

「かわいそうに、兵十は、いわし屋にぶんなぐられて、あんなきずまでつけられたのか。」

ごんはこう思いながら、そっと物置《ものおき》の方へ回って、その入り口にくりを置いて帰りました。

次の日も、その次の日も、ごんは、くりを拾っては兵十のうちへ持ってきてやりました。

（新美 南吉『国語四下 はばたき』光村図書）

④（１）に入る正しい言葉に○をつけましょう。

（　）うれしい

（　）いやだな

（　）しまった

（　）はずかしい

⑤この日、ごんが兵十にしたことは何ですか。

（　　　　　　　　）

⑥「次の日も、その次の日も」やめなかったのは、なぜですか。

（　）兵十には、めいわくをかけてしまったから。

（　）兵十は、くりが好《す》きだったから。

（　）くりが多くとれて、あまったから。

物語文　ごんぎつね④

名前

月　日

次の文章を読んで、後の問いに答えましょう。

そのとき兵十《ひょうじゅう》は、ふと顔を上げました。（1）、きつねがうちの中へ入ったではありませんか。こないだ、うなぎをぬすみやがったあのごんぎつねめが、またいたずらをしに来たな。

「ようし。」

兵十は立ち上がって、なやにかけてある火なわじゅうを取って、火薬をつめました。

そして、足音をしのばせて近よって、

① （1）には、かなが一文字入ります。次の中から選《えら》び、○をつけましょう。

（　）が
（　）か
（　）そ
（　）と

② ふと顔を上げた兵十は何を見ましたか。

（　　　　）が、
（　　　　）のを見た。

③ 兵十が、ごんに対してはらを立てていることがわかる言葉を書きましょう。

今、戸口を出ようとするごんを、ドンとうちました。

ごんは、ばたりとたおれました。

兵十はかけよってきました。うちの中を見ると、土間にくりがかためて置《お》いてあるのが、目につきました。

「おや。」

と、兵十は、びっくりして、ごんに目を落としました。

「ごん、おまい（おまえ）だったのか。いつも、くりをくれたのは。」

ごんは、ぐったりと目をつぶったまま、うなずきました。


（新美 南吉『国語四下 はばたき』光村図書）

うなぎを（　　）
あのごんぎつね（　　）。

④ 兵十のうちの中は、どうなっていましたか。

（　　）

⑤「ごん、おまえだったのか。いつも、くりをくれたのは。」からわかる兵十の気持ちで、正しいと思うものに○を二つつけましょう。

（　）やっと、いたずらぎつねをしとめたぞ。

（　）お前は、いたずらぎつねじゃなかったんだな。

（　）しまった、じゅうでうつなんてことをするんじゃなかった。

（　）くりなんかくれたって、うなぎのつぐないにはならないぞ。

物語文　プラタナスの木①

名前

月　日

次の文章を読んで、後の問いに答えましょう。

ある日、おじいさんは不思議《ふしぎ》なことを言った。

「このプラタナスの木が、さか立ちしているところを考えたことがあるかい。」

「あらま。木がさか立ち。」

アラマちゃんが、いつものようにおどろいた。

「そう。この木がさか立ちするだろう。すると、木のみきや枝葉《えだは》と同じぐらいの大きさの根が出てくるんだよ。木というのは、上に生えている枝や葉をささえるために、土の中でそれと同じぐ

① さか立ちしているところを考えるとは、木の何を考えることですか。

（　　）

② プラタナスの木の根はどれくらいの大きさですか。

（　　）

③ 木の根の働《はたら》きをまとめて、二つ書きましょう。

（　　）

（　　）

らい大きな根が広がって、水分や養分《ようぶん》を送っているんだ。」

「どの木もみんなそうなんですか。」

今度は、花島君がマーちんの頭ごしにきいた。

「たいていの木は、大きな根が地面の下にぎっしり広がっているのさ。だから、このプラタナスの木が公園全体を守っている、といってもいいくらいだ。もし、地上のみきや枝葉がなくなったら、根は水分や養分を送れなくてこまってしまうんだ。」

マーちんと花島君とクニスケは「ふうん。」と同じような声を出したが、アラマちゃんはやっぱり「（1）。」と言った。


（椎名誠『国語四下　はばたき』光村図書）

④ プラタナスの木が公園全体を守るとはどんなことですか。次の中から選《えら》んで、○をつけましょう。

（　）プラタナスの根が公園の地面をささえていること。

（　）プラタナスの葉が日かげを作ること。

（　）プラタナスの木が風よけになること。

⑤ 木の根がこまるとはどういうことですか。

（　　　　　　　　　　）

⑥ （1）に入る言葉を次の中から選んで、○をつけましょう。

（　）ふうん
（　）あらま
（　）へえー

物語文　プラタナスの木②

名前　　　月　　日

次の文章を読んで、後の問いに答えましょう。


　長い夏休みが終わり、新学期が始まった。

　プラタナス公園の異変《いへん》を最初に知らせてくれたのは、ハイソックスをずり落としながら走ってきたクニスケだった。プラタナスの木がなくなっている、というのだ。放課後《ほうかご》、四人はプラタナス公園に走った。

　本当だった。マーちんが、お父さんのふるさとで台風にあっていたころ、当然《とうぜん》だけれど、この公園も台風におそわれていたの

① 何が終わり何が始まったのですか。
（　　　　）が終わり
（　　　　）が始まった。

② プラタナス公園の異変とは何ですか。
（　　　　）

③ ハイソックスをずり落としながらという表げんからクニスケのどんなことがわかりますか。
（　）きちんとしていなくてだらしない。

（　）早く伝《つた》えたいと急いでいる。

（　）小さなことに気にしない。

だ。近所の人に聞くと、プラタナスがたおれかかってきけんだったのだという。マーちんたちがいない間に、大きなプラタナスは切りかぶだけを残《のこ》して消えてしまっていた。その横には、強い日を浴《あ》びて、ベンチがぽつんと置《お》かれている。

公園は、立ち入り禁止《きんし》になっていた。

「根は、ほられてはいないみたいだ。でも残った根っこはきっとこまっているんだろうね。」

花島君が、かたを落として言った。アラマちゃんは、いつもの口ぐせを言わずにだまっている。

（椎名誠『国語四下　はばたき』光村図書）

④ 台風でプラタナスの木はどうなってしまいましたか。

（　　　　）

⑤ 公園はどうなりましたか。

（　　　　）

⑥ かたを落とすとはどういう意味ですか。

（　　　　）

⑦ 花島君がかたを落としたのはなぜですか。正しいと思う文に○をつけましょう。

（　）公園が立ち入り禁止になってしまったから。

（　）プラタナスの木が切られていたから。

（　）残った根っこはこまっているから。

物語文　プラタナスの木③

名前

月　日

次の文章を読んで、後の問いに答えましょう。

立ち入り禁止《きんし》がとけて、また、マーちんたちは、公園に遊びに行くようになった。木が切られてから、おじいさんは公園にすがたを見せなくなっていた。サッカーも前ほど白熱《はくねつ》しなくなり、マーちんたちは、おじいさんがいつもすわっていた、日かげのなくなったベンチにだまってすわりこんだ。だまっているけれど、みんなが何を考えているかは分かる。

そんなある日、ベンチにすわっていたマー

① 立ち入り禁止がとけて、マーちんたちはどうしましたか。

（　　　　）

② 日かげがなくなったのはなぜですか。

（　）太陽が雲にかくれたから。

（　）夕方になり太陽がしずんだから。

（　）プラタナスの木が切られたから。

③ みんなは何を考えていたのでしょうか。

なぜ（　　　　）は

（　　　　）だろう。

ちんは、思いついたように、プラタナスの切りかぶの上に立ってみた。今でも地下に広がっている根のことを想像《そうぞう》していたら、そうしたい気持ちになったのだ。

花島君が不思議《ふしぎ》そうに見ていたので、

「おいでよ。なんだか、根にささえられているみたいだよ。」

と言うと、花島君だけではなく、クニスケもアラマちゃんも切りかぶに乗ってきた。

せいの高い花島君を真ん中にして、両手を広げてプラタナスの切りかぶに乗っていると、みんなが木のみきや枝《えだ》になったみたいだ。

（椎名 誠『国語四下　はばたき』光村図書）

④ そうしたい気持ちとは何をしたい気持ちですか。

（　　　　）

⑤ 切りかぶの真ん中に立っているのはだれですか。

（　　　　）

⑥ みんなの両手は、プラタナスのどこになるのでしょうか。

（　　　　）

⑦ プラタナスの切りかぶに乗ったみんなは何人ですか。

（　　　　）

説明文

手で食べる、はしで食べる①

名前

月　日

次の文章を読んで、後の問いに答えましょう。

　はしは、三千年以上《いじょう》前に中国《ちゅうごく》で生まれたようです。それ以前は手で食べていたということです。はしは、スープなどを飲むためのれんげやスプーンといっしょに使われていて、それが近くの国々《くにぐに》にも広まりました。日本にも、最初《さいしょ》ははしとスプーンのセットが入ってきましたが、木の茶わんが使われ、しる物も茶わんをじかに口につける食べ方がふつうになったため、スプーンは使われなくなり、はしだけになりました。

① はしは、いつ、どこで生まれましたか。

いつ（　　　　　　）

どこで（　　　　　　）

② はしといっしょに使われていたものは何と何ですか。

（　　　　）と（　　　　）

③ 日本がスプーンを使われなくなったのはなぜですか。

（　　　　　　）が使われ、

（　　　　　　）

食べ方がふつうになったから。

はしでご飯《はん》を食べる所は、日本以外に、韓国《かんこく》・中国・ベトナムなどがありますが、国によってその使い方や形がちがいます。

例えば、韓国では、ご飯やスープはスプーンで食べて、おかずを取るときに、金ぞくのはしを使います。韓国では、金ぞくのうつわにご飯やスープを入れるのがふつうで、熱《あつ》いと持ちにくいため、うつわを置《お》いたまま食べます。それにはスプーンのほうが食べやすいのです。日本のように、ご飯のうつわを手で持つのは、韓国ではぎょうぎが悪いこととされています。

（森枝 卓士『みんなと学ぶ 小学校国語 四年上』学校図書）

④ はしでご飯を食べる所は、日本以外にどこがありますか。三つ書きましょう。

（　　　）（　　　）（　　　）

⑤ 韓国ではしを使うのはどんなときですか。

（　　　）

⑥ 韓国でうつわを置いたまま食べるのはなぜですか。

（　　　）

⑦ ご飯のうつわを手で持つのは、韓国では何とされていますか。

（　　　）

説明文

手で食べる、はしで食べる②

名前

月　日

次の文章を読んで、後の問いに答えましょう。

中国《ちゅうごく》やベトナムのはしは、日本のものよりも長くできています。大きな皿にもった料理《りょうり》を、みんなの中央に置《お》き、手をのばして食べるからです。日本は、昔から一人一人のおぜんに料理をもったので、短いはしでよかったのです。

また、日本のように家庭内でめいめいが自分せん用のはしを持っているのはめずらしいことです。日本の他には、モンゴルの人々《ひとびと》が肉のかたまりを切り分けるナイフとはしがセットになったものを、

① 中国やベトナムのはしが日本より長いのはなぜですか。

（　　　　）料理を、

（　　　　）に置き、

（　　　　）食べるから。

② 日本は短いはしでよかったのはなぜですか。

（　　　　　　　　）

一人ずつ持っているくらいで、「だれのはし」と決められていないことが多いです。

（1）、同じように中国から伝《つた》わった道具であるはしでも、その形や使い方は、それぞれの国の生活のしかたによって、ちがうものになっていったのです。

手で食べるか、はしで食べるか、また、どんなはしでどのようにして食べるかということは、その国の食べ物や生活のしかたのちがい、つまり「文化」のちがいからきています。

どのような方法《ほうほう》で食べるかということは、それぞれの国の「文化」から生まれた人々のちえなのです。

（森枝 卓士『みんなと学ぶ　小学校国語　四年上』学校図書）

③ 自分せん用のはしを持っているのは、日本とどこの国ですか。

（　　　　）

④ モンゴルで一人ずつセットで持っているものは、はしと何でしょう。

（　　　　）

⑤ 食べ物や生活のしかたのちがいのことを別の言葉で何と表げんしていますか。

（　　　　）

⑥ （1）に入る言葉を選《えら》びましょう。

（　）しかも
（　）そのうえ
（　）このように

説明文 アップとルーズで伝える①

名前

月 日

次の文章を読んで、後の問いに答えましょう。

テレビでサッカーの試合《しあい》を放送しています。今はハーフタイム。（1）後半が始まろうとするところで、画面には会場全体がうつし出されています。両チームの選手《せんしゅ》たちは、コート全体に広がって、体を動かしています。観客席《かんきゃくせき》は、ほぼまんいんといっていいでしょう。おうえんするチームの、チームカラーの洋服などを身に着けた人たちでうまっています。会場全体が、静《しず》かに、こうふんをおさえて、開始を待ち受けている感じが伝《つた》わり

① テレビで放送しているのは、何ですか。

（　　　　）

② 両チームの選手たちは、何をしていますか。

（　　　　）

③ コートの中央に立つ選手は、ホイッスルが鳴ると何をしますか。

（　　　　）

④ 選手は、顔を上げてどこを見ていますか。

（　　　　）

ます。
（2）後半が始まります。画面は、コートの中央に立つ選手をうつし出しました。ホイッスルと同時にボールをける選手です。顔を上げて、ボールをける方向を見ているようです。
初めの画面のように、広いはんいをうつすとり方を「ルーズ」といいます。次の画面のように、ある部分を大きくうつすとり方を「アップ」といいます。何かを伝えるときには、このアップとルーズを選んだり、組み合わせたりすることが大切です。アップとルーズでは、どんなちがいがあるのでしょう。

（中谷 日出『国語四上　かがやき』光村図書）

⑤ ルーズとはどんなとり方ですか。

（　　　　）

⑥ アップとはどんなとり方ですか。

（　　　　）

⑦ 何かを伝えるときに大切なことは何ですか。

（　　　　）

⑧ （1）（2）に入る言葉を［　］から選《えら》んで、記号を書きましょう。

（1）（　）

（2）（　）

ア いよいよ　イ もうすぐ　ウ そのうち

説明文

アップとルーズで伝える②

名前

月　日

次の文章を読んで、後の問いに答えましょう。

アップでとったゴール直後のシーンを見てみましょう。ゴールを決めた選《せんしゅ》手が両手を広げて走っています。ひたいにあせを光らせ、口を大きく開けて、全身でよろこびを表しながら走る選手の様子がよく伝《つた》わります。アップでとると、細かい部分の様子がよく分かります。（1）、このとき、ゴールを決められたチームの選手は、どんな様子でいるのでしょう。それぞれのおうえん席《せき》の様子はどうなの

① アップでとると、どんな様子がよく分かりますか。

（　　　　）

② ルーズでとると、どんな様子がよく分かりますか。

（　　　　）

③ ルーズでとると、なかなか分からないことは何ですか。

（　　　　）

④ 次のシーンは、「アップ」か「ルーズ」のどちらでとるのがいいか書きましょう。

でしょう。走っている選手いがいの、うつされていない多くの部分のことは、アップでは分かりません。

試合終了《しあいしゅうりょう》直後のシーンを見てみましょう。勝ったチームのおうえん席です。あちこちでふられる旗《はた》、たれまく、立ち上がっている観客《かんきゃく》と、それに向かって手をあげる選手たち。選手とおうえんした人たちとが一体となって、しょうりをよろこび合っています。ルーズでとると、広いはんいの様子がよく分かります。
（２）、各《かく》選手の顔つきや視線《しせん》、それらから感じられる気持ちまでは、なかなか分かりません。

（中谷 日出『国語四上 かがやき』光村図書）

・選手の顔つきや視線　（　　）
・おうえん席の様子　（　　）
・ゴールを決めた選手の様子　（　　）
・選手と観客がしょうりをよろこび合っている様子　（　　）

⑤（１）にあてはまる言葉を選《えら》んで、○をつけましょう。

（　）そして
（　）しかし
（　）だから

⑥（２）にあてはまる言葉を選んで、○をつけましょう。

（　）また
（　）もし
（　）でも

説明文

アップとルーズで伝える③

名前

月　日

次の文章を読んで、後の問いに答えましょう。

写真にも、アップでとったものとルーズでとったものがあります。新聞を見ると、伝《つた》えたい内容《ないよう》に合わせて、どちらかの写真が使われていることが分かります。紙面の広さによっては、それらを組み合わせることもあります。取材《しゅざい》のときには、いろいろな角度やきょりから、多くの写真をとっています。そして、その中から目的《もくてき》にいちばん合うものを選《えら》んで使うようにしています。

① それらとは、何と何のことですか。

（　　　　）（　　　　）

② そのとは何のことですか。

（　　　　）

③ 同じ場面でも、アップとルーズのどちらで伝えるかによって何がかわりますか。

（　　　　）

④ （１）に入る言葉を選んで、〇をつけましょう。

同じ場面でも、アップとルーズのどちらで伝えるかによって伝わる内容がかわってしまう場合があります。（１）、送り手は伝えたいことに合わせて、アップとルーズを選んだり、組み合わせたりする必要《ひつよう》があるのです。みなさんも、クラスの友達《ともだち》や学校のみんなに何かを伝えたいと思うことがあるでしょう。そのときには、ある部分を細かく伝える「アップ」と、広いはんいの様子を伝える「ルーズ」があることを思い出しましょう。そうすることで、あなたの伝えたいことをより分かりやすく、受け手にとどけることができるはずです。

（中谷 日出『国語四上 かがやき』光村図書）

（　）にもかかわらず
（　）それどころか
（　）だからこそ

⑤ アップとルーズはどんな様子を伝えるときに使いますか。

アップ…（　　　　）伝える
ルーズ…（　　　　）伝える

⑥ 文をせつ明しているものを、次の中から選《えら》んで、○をつけましょう。

（　）アップとルーズのどちらかだけを使うとよく伝わる。
（　）よりよく伝えるためにアップとルーズをいつも両方使う。
（　）伝えたいことに合わせてアップとルーズを選んだり、組み合わせたりする。

説明文

ヤドカリとイソギンチャク①

名前

月　日

次の文章を読んで、後の問いに答えましょう。

　ヤドカリの仲間《なかま》で、さんごしょうに多いソメンヤドカリは、貝がらにイソギンチャクを付《つ》けて歩き回っています。観察《かんさつ》してみると、ソメンヤドカリは、たいてい二つから四つのベニヒモイソギンチャクを、貝がらの上に付けています。中には、九つものイソギンチャクを付けていたヤドカリの例《れい》も記録《きろく》されています。このようなヤドカリのすがたは、いかにも重そうに見えます。

　なぜ、ヤドカリは、いくつものイソギンチャクを貝がらに付けているのでしょうか。

① ソメンヤドカリは、主にどこにすんでいますか。

（　　　　　）

② ソメンヤドカリは、貝がらに何を付けていますか。

（　　　　　）

③ このこととは何のことですか。

（　　　　　）

④ 実験のため水そうにいるタコはどんな状態のタコですか。

（　　　　　）

このことを調べるために、次のような実験《じっけん》をしました。

まず、おなかをすかせたタコのいる水そうに、イソギンチャクを付けていないヤドカリを放します。タコはヤドカリが大好物《だいこうぶつ》なので、長いあしですぐヤドカリをつかまえ、貝がらをかみくだいて食べてしまいます。

次に、イソギンチャクを付けているヤドカリを入れてみます。タコは、ヤドカリをとらえようとしてしきりにあしをのばしますが、イソギンチャクにふれそうになると、あわててあしを引っこめてしまいます。ヤドカリが近づくと、タコは後ずさりしたり、水そうの中をにげ回ったりします。


（武田正倫『新しい国語　四上』東京書籍）

⑤ ソメンヤドカリは、ふつういくつのイソギンチャクを貝がらに付けていますか。

（　　　　　）

⑥ ふつう、タコはどのようにしてヤドカリを食べますか。

（　　　　　）

⑦ 実験のタコは、イソギンチャクにふれそうになるとどうなりますか。

（　　　　　）

⑧ ヤドカリがタコに近づくと、タコはどうなりますか。

タコは（　　　　　）したり、（　　　　　）する。

説明文　ヤドカリとイソギンチャク②

名前

月　日

次の文章を読んで、後の問いに答えましょう。

　実は、イソギンチャクのしょく手は、何かがふれるとはりが飛《と》び出す仕組みになっています。そのはりで、魚やエビをしびれさせて、えさにするのです。タコや魚はこのことをよく知っていて、イソギンチャクに近づこうとはしません。それで、ヤドカリは、イソギンチャクを自分の貝がらに付《つ》けることで、敵《てき》から身を守ることができるのです。

　では、ヤドカリは、石に付いたイソギンチャクを、どうやって自分の貝がらにうつすのでしょうか。ヤドカリが、イソギンチャクのはりでさされることはないのでしょうか。

　ヤドカリとイソギンチャクの関係《かんけい》を研

① イソギンチャクのしょく手は、何かにふれるとどんな仕組みになっていますか。

（　　　　　　　　　　）

② イソギンチャクのはりで、魚やエビをどうするのですか。

（　　　　　　　　　　）

③ ヤドカリは、イソギンチャクを自分の貝がらに付けることで、どんなことができるのですか。

（　　　　　　　　　　）

究しているカナダのロス博士《はくし》は、ヤドカリとイソギンチャクがどのようにしていっしょになるのか、水そうで観察《かんさつ》しました。
ソメンヤドカリを飼《か》っている水そうに、石などに付いたベニヒモイソギンチャクを入れます。ヤドカリは、自分の貝がらにイソギンチャクを付けていても、イソギンチャクを見れば、いくつでもほしくなるようです。すぐ近づいてきて、あしを使ってイソギンチャクの体をつついたり、両方のはさみで引っぱったりして、イソギンチャクをはがしてしまいます。そして、かかえるようにして自分の貝がらの上におし付けるのです。ずいぶん手あらな方法《ほうほう》に見えますが、イソギンチャクはしょく手をのばしたままで、いかにも気持ちよさそうに見えます。はりも飛び出しません。

（武田 正倫『新しい国語 四上』東京書籍）

④ 次の文はヤドカリがイソギンチャクを自分の貝がらに付ける様子を表しています。（　）にあてはまる言葉を書きましょう。
あしを使ってイソギンチャクの体を（　　）。
両方のはさみで（　　）。
イソギンチャクを（　　）。
かかえるようにして、自分の貝がらの上に（　　）。

はがす　引っぱる　おし付ける　つつく

⑤ ヤドカリがイソギンチャクを自分の貝がらに付ける間、イソギンチャクはどうしていますか。
（　）付かないようににげまわる。
（　）しょく手をのばしたまま、はりも出さない。
（　）自分からやどかりに付こうとする。

説明文　ヤドカリとイソギンチャク③

名前　　月　日

次の文章を読んで、後の問いに答えましょう。

では、イソギンチャクは、ヤドカリの貝がらに付《つ》くことで、何か利益《りえき》があるのでしょうか。

ヤドカリに付いていないベニヒモイソギンチャクは、ほとんど動きません。ですから、えさになる魚やエビが近くにやってくるのを待つしかありません。（1）、ヤドカリに付いていれば、いろいろな場所に移動《いどう》することができるので、その結《けっ》

① ベニヒモイソギンチャクのえさは何でしょうか。

（　　　）

② ヤドカリに付いたイソギンチャクのえさをとる機会がふえるのはなぜですか。

（　　　）

③ （1）にあてはまる言葉を選《えら》んで、○をつけましょう。

（　）そして
（　）しかし
（　）しかも

果《か》、えさをとる機会《きかい》がふえます。（２）、ヤドカリに付いていると、ヤドカリの食べのこしをもらうこともできるのです。

さんごしょうの美しい海では、いくつものベニヒモイソギンチャクを貝がらに付けた、ソメンヤドカリを見ることができます。ヤドカリとイソギンチャクは、たがいに助け合って生きているのです。

（武田　正倫『新しい国語　四上』東京書籍）

④（２）にあてはまることばを選びましょう。

（　）だから
（　）しかし
（　）また

⑤ベニヒモイソギンチャクを貝がらに付けたソメンヤドカリが見られるのはどこですか。

（　　　　）

⑥ヤドカリとイソギンチャクの関係《かんけい》で正しい文に○をつけましょう。

（　）ヤドカリはイソギンチャクをえさにしている。
（　）イソギンチャクはヤドカリに付いているのでえさをとることができない。
（　）ヤドカリとイソギンチャクはたがいに助け合っている。

説明文

花を見つける手がかり①

名前

月　日

次の文章を読んで、後の問いに答えましょう。

実験《じっけん》は、まず、花だんの花を使って始めました。花だんには、赤・黄・むらさき・青と、四種類《しゅるい》の色の花がさいています。少しはなれた所で、生まれてから花を見たことのないもんしろちょうを、いっせいに放しました。

もんしろちょうは、いっせいに、花だんに向かってとんでいきます。もんしろちょうは、生まれながらに、花を見つける力を身につけているようです。

① 実験は、まず何を使って始めましたか。

（　　　　）

② 花だんには、何色の花がさいていますか。

（　　　　）

③ もんしろちょうが、生まれながらに、花を見つける力を身につけているのは、どんなことからわかりますか。

（　　　　）

④ ちょうのよく集まる花とあまり集まらない花は何色の花ですか。

（　　　　）

花だんは、たちまち、ちょうでいっぱいになってしまいました。注意して見ると、ちょうのよく集まる花と、そうでない花とがあります。むらさきの花には集まっていますが、赤い花には、あまり来ていないようです。もんしろちょうは、色で花を見つけているのでしょうか。

（1）、そう決めてしまうのは、ちょっと早すぎます。たまたま、花だんに植えた赤い花が、おいしそうなにおいを出していないのかもしれないからです。色か、においか、――そこのところをたしかめるには、別《べつ》の実験をしなければなりません。

（吉原　順平『ひろがる言葉　小学国語　四上』教育出版）

よく集まる花…………（　　）

あまり集まらない花…（　　）

⑤（1）に入る言葉を選《えら》んで、○をつけましょう。

（　）でも

（　）もし

（　）また

⑥もんしろちょうは、色で花を見つけると決めてしまうのは早すぎるのはなぜですか。

（　　）

⑦別の実験でたしかめることは花の何と何ですか。

（　　）

花を見つける手がかり②

名前

月　日

次の文章を読んで、後の問いに答えましょう。

　そこで、今度は、においのしないプラスチックの造花《ぞうか》を使うことにしました。色は、花だんのときと同じ赤・黄・むらさき・青の四種類《しゅるい》です。

　もんしろちょうを放すと、やはり、まっすぐに造花に向かってとんでいきました。止まって、みつをすおうとするものもいます。プラスチックの造花には、みつもないし、においもありません。

①　今度の実験《じっけん》は、何を使いますか。

（　　　　）

②　何種類の色を使いますか。

（　　　　）

③　もんしろちょうは造花にどのように飛《と》んでいきましたか。

（　　　　）

④　③の後、ちょうはどんなことをするものがいましたか。

（　　　　）

（１）、もんしろちょうは、においではなく、花の色か形にひかれていると考えられるでしょう。そして、造花の場合も、赤い花には、あまりやってきませんでした。

（吉原 順平『ひろがる言葉 小学国語 四上』教育出版）

⑤ プラスチックの造花にないものは何と何ですか。

（　　　　）（　　　　）

⑥ （１）に入る言葉を選《えら》んで、○をつけましょう。

（　）なぜなら
（　）けれども
（　）ですから

⑦ もんしろちょうは、花の何にひかれていると考えられますか。

（　　　　）

⑧ 造花の場合にも、やってこなかった色の花は何色ですか。

（　　　　）

説明文

花を見つける手がかり③

名前

月　日

次の文章を読んで、後の問いに答えましょう。

次の実験《じっけん》では、花の代わりに、四角い色紙を使ってみました。色紙にも集まってくれれば、花の形が問題なのではなく、色だけが、もんしろちょうをひきつけているということになるでしょう。用意した色は、前と同じ四種類《しゅるい》です。もんしろちょうは、色紙を花だと思ってくれるでしょうか。

いよいよ、二百ぴきほどのもんしろちょうを放してみました。ただの紙なのに、

① 次の実験では、何を使いましたか。

（　　　　）

② この実験で、どんなことがわかりますか。

（　　　　）

③ ただの紙にちょうは集まってきましたか。

（　　　　）

④ 止まったちょうは何をしようとしていますか。

やはり、ちょうは集まってきます。むらさきの色紙に止まったものもいます。黄色の色紙に止まったものもいます。止まったちょうは、長い口をのばして、みつをすおうとしています。もんしろちょうは、色紙を花だと思っているようです。

集まり方を色別《いろべつ》に調べてみました。最《もっと》も多く集まったのがむらさき、次に多かったのが黄色、青に来たものは少なく、赤には、ほとんど来ませんでした。念《ねん》のため、赤い色紙にみつをつけたものを用意してみましたが、これにもちょうは来ませんでした。

（吉原 順平『ひろがる言葉　小学国語　四上』教育出版）

⑤ 集まり方の多い色を順に書きましょう。

（　　）、（　　）、（　　）、（　　）

⑥ この後、念のために何をしましたか。

（　　　　　　　　）

⑦ 実験で分かったことを、次の中から選《えら》んで、○をつけましょう。

（　）もんしろちょうは、花の形の色紙に集まってきた。

（　）もんしろちょうは、色紙を花だとずっと思っているらしい。

（　）赤い色紙にみつをつけると、ちょうはやってきた。

説明文　くらしの中の和と洋 ①

名前

月　日

次の文章を読んで、後の問いに答えましょう。

　日本では、くらしの基本《きほん》である「衣食《いしょく》住《じゅう》」のどれにも、「和」と「洋」が入り交じっています。「衣」には和服と洋服があり、「食」には和食と洋食があり、「住」には和室と洋室があります。「和」は、伝統的《でんとうてき》な日本の文化にもとづくもので、「洋」は、主として欧米《おうべい》の文化から取り入れたものを指します。

　ここでは、「衣食住」の中の「住」を取り上げ、日本のくらしの中で「和」と

① 「衣食住」の中の「和」と「洋」は何と何ですか。それぞれ答えましょう。

「衣」…（　　　　）（　　　　）

「食」…（　　　　）（　　　　）

「住」…（　　　　）（　　　　）

② 「和」はどこの文化にもとづくもので、「洋」はどこの文化から取り入れたものですか。

和（　　　　）

洋（　　　　）

「洋」それぞれの良さがどのように生かされているか、考えてみましょう。

和室と洋室の最《もっと》も大きなちがいは、ゆかの仕上げ方とそこに置《お》かれる家具だといってよいでしょう。和室は、ゆかにたたみをしいて仕上げ、あまり家具を置かないようにします。一方、ほとんどの洋室は、板をはったり、カーペットをしいたりしてゆかを仕上げ、いすやテーブル、ベッドなど、部屋の目的に合わせた家具を置きます。このちがいが、それぞれの部屋の中でのすごし方や、部屋の使い方の差《さ》を生み出すと考えられます。

（『新しい国語　四下』東京書籍）

③ 和室と洋室の最も大きなちがいは何ですか。

（　　　　）

④ 次の文は和室と洋室のどちらを表していますか。和室なら「和」、洋室なら「洋」と書きましょう。

（　）ゆかにたたみをしく

（　）板をはったりカーペットをしいたりする

（　）あまり家具を置かない

（　）部屋の目的に合わせた家具を置く

⑤ 和室と洋室のちがいが生み出すものは何ですか。二つ書きましょう。

（　　　　）

（　　　　）

説明文　くらしの中の和と洋②

名前

月　日

次の文章を読んで、後の問いに答えましょう。

和室、洋室でのすごし方には、それぞれどんな良《よ》さがあるのでしょうか。

和室のたたみの上では、いろいろなしせいをとることができます。きちんとした場では正ざをし、くつろぐときにはひざをくずしたり、あぐらをかいたりしてすわります。ねころぶこともできます。

人と人との間かくが自由に変《か》えられるのもたたみの良さです。相手が親しければ近づいて話し、目上の人の場合には少しはなれて話すというように、自然《しぜん》に

① 和室では、どこにすわりますか。

（　　　）の上

② 和室では、どんなしせいをとることができますか。四つ書きましょう。

（　　　）

（　　　）

（　　　）

（　　　）

③ ②のほかにたたみの良さは何ですか。

（　　　）

きょりの調節《ちょうせつ》ができます。また、たたみの場合には、多少人数が多くても、間をつめればみんながすわれます。

　洋室で使ういすには、いろいろな種類《しゅるい》があります。くつろぐ、勉強をするなど、それぞれの目的《もくてき》に合わせたしせいがとれるように、形がくふうされています。ですから、長時間同じしせいですわっていても、つかれが少なくてすみます。

　いすにすわっているじょうたいから、次の動作にうつるのがかん単《たん》であることも、いすの良さです。体の重みを前方にうつし、こしをうかせれば立ち上がれます。上半身の移動《いどう》もわずかです。


（『新しい国語　四下』東京書籍）

④ 洋室では、どこにすわりますか。

（　　　　）

⑤ いすの良さは何ですか。二つ書きましょう。

・（　　　　）すわっていても、（　　　　）すむ。

・（　　　　）じょうたいから、（　　　　）かん単。

⑥ 「心身をゆったり休める」という意味の言葉を文中からさがして書きましょう。

（　　　　）

説明文　くらしの中の和と洋③

名前

月　日

次の文章を読んで、後の問いに答えましょう。

次に、部屋の使い方という点から、それぞれにどんな良《よ》さがあるか考えてみましょう。

初《はじ》めてたずねた家の部屋であっても、それが洋室であれば、何に使う部屋かということは大体見当が付《つ》きます。それは、そこに置《お》いてある家具で分かるのです。それぞれの部屋の家具は、その部屋をより使いやすくするために置かれます。（1）、食事をする、勉強をする、ねるといった目的に合わせて、テーブルやいす、勉強づくえ、ベッドが置かれます。洋室は、その部屋で何をするかがはっ

① 洋室の部屋を見て、何に使う部屋かは何で見当がつきますか。

（　　　　）

② 和室の使い方の良さはなんですか。

（　　　　）

③（1）（2）には同じ言葉が入ります。正しいものを選《えら》んで〇をつけましょう。

（　）つまり

（　）例《たと》えば

（　）だから

きりしていて、そのために使いやすくつくられているのです。

これに対して、和室は、一つの部屋をいろいろな目的《もくてき》に使うことができるという良さがあります。（2）、家にお客さんがやってきて、食事をし、とまっていくことになったという場合を考えてみましょう。洋室だけしかないとすると、少なくとも食事をする部屋、とまってもらう部屋が必要《ひつよう》になります。しかし、和室が一部屋あれば、そこでざぶとんをしいて話をし、ざたくに料理《りょうり》をならべて食事をし、かたづけてふとんをしくことができます。

（3）見てくると、和室と洋室には、それぞれ良さがあることが分かります。わたしたちは、その両方の良さを取り入れてくらしているのです。

（『新しい国語　四下』東京書籍）

④（3）に入る言葉を、選んで○をつけましょう。

（　）このように
（　）もっと
（　）くわしく

⑤文からわかることは次のどれですか。（　）に○を二つ入れましょう。

（　）洋室より和室のほうが使いやすい。
（　）日本では洋室と和室の良さを取り入れてくらしている。
（　）日本では和室が少なくなり洋室がふえた。
（　）日本では和室が一部屋あればじゅうぶんである。
（　）和室と洋室にはそれぞれの良さがある。

説明文　世界にほこる和紙①

名前

月　日

次の文章を読んで、後の問いに答えましょう。

まず、和紙のよさについて考えてみましょう。和紙には、洋紙とくらべて、やぶれにくく、長もちするという二つのとくちょうがあります。このようなちがいは、何によって生まれるのでしょうか。

紙のやぶれにくさは、せんいの長さのちがいが関係《かんけい》しています。紙は、そこにふくまれるせんいが長いほど、よりやぶれにくくなります。そして、洋紙と和紙

① 洋紙とくらべたときの、和紙のとくちょうを二つ書きましょう。

（　　　　）

（　　　　）

② 紙のやぶれにくさは何が関係していますか。

（　　　　）

③ 紙はどうするほど、よりやぶれにくくなるのですか。

（　　　　）

をくらべると、和紙はとても長いせんいでできています。そのため、和紙は、洋紙よりもやぶれにくいのです。

紙が長もちするかどうかは、作り方のちがいによります。洋紙を作るときには、とても高い温度にしたり、多くの薬品を使ったりします。（１）、和紙を作るときには、洋紙ほど高い温度にすることはなく、薬品もあまり使いません。よりおだやかなかんきょうで作られている和紙は、時間がたっても紙の成分《せいぶん》が変化《へんか》しにくく、その結果《けっか》、長もちするのです。

（増田 勝彦『国語四下　はばたき』光村図書）

④ 洋紙と和紙でせんいが長いのはどちらですか。

（　　　）

⑤ 洋紙を作るときにすることを二つ書きましょう。

（　　　）

（　　　）

⑥ （１）に入る言葉を選《えら》んで、○をつけましょう。

（　）だから

（　）つまり

（　）しかし

⑦ おだやかなかんきょうとは、ここではどんなことをさしていますか。

（　　　）

説明文　世界にほこる和紙②

名前

月　日

次の文章を読んで、後の問いに答えましょう。

もう一つ、わたしが、より多くの人に和紙を使ってほしいと考えるのには、やぶれにくく、長もちするということ以外《いがい》にも理由があります。かつては、ヨーロッパの国々《くにぐに》でも、和紙とは原材料《げんざいりょう》がことなるものの、さかんに人の手によって紙が作られていました。（1）、今では、そのような場所は、一か国に、一、二か所ぐらいしかのこっていません。いっぽう、日本には、人の手で和紙を作っている所が、今も、二百か所ほどあります。な

① （1）にあてはまる言葉を選んで、○をつけましょう。

（　）しかも

（　）それとも

（　）けれども

② そのような場所とは、何をさしていますか。

（　　　　　　　　）

③ 日本で、人の手で和紙を作っている所は、今何か所ほどありますか。

（　　　　　　　　）

ぜ、日本には、和紙を作っている所がこんなにものこっているのでしょうか。

（２）、わたしたちが、和紙の風合いを美しいと感じ、自分の気持ちを表す方法《ほうほう》の一つとして、和紙を選《えら》んで使ってきたからなのではないかと考えています。

今からおよそ千年前の平安《へいあん》時代、短歌を書くときには、美しくかざられたきれいな和紙が使われていました。洋紙があるげんざいでも、手紙を書くための便《びん》せんを買いに行けば、和紙でできたものもならんでいて、受け取る相手や伝《つた》えたい気持ちに合わせて、それらを選ぶ人がいます。

（増田 勝彦『国語四下 はばたき』光村図書）

④（２）にあてはまる言葉を選んで、○をつけましょう。

（　）しかし
（　）それは
（　）まず

⑤「風合い」の読み方を書き、正しい意味を選んで○をつけましょう。

読み方（　　　　）
意味
（　）きれいで長もちすること
（　）見た感じ
（　）かおりやあじわい

⑥和紙を買う人は、何に合わせて和紙を選んでいるのですか。二つ書きましょう。

（　　　　）
（　　　　）

説明文　世界にほこる和紙③

名前

月　日

次の文章を読んで、後の問いに答えましょう。

わたしは、自分のことをしょうかいするめいしを和紙で作っています。かんたんにはやぶれない、長もちする和紙を使うことで、わたしした相手との出会いを大切にしている気持ちを表しているのです。孫《まご》にお年玉をあげるときにも、和紙のふくろを使います。よりよろこんでもらいたいという思いから、ぬくもりのある美しい和紙を選《えら》ぶのです。

このように、和紙のもつよさと、使う

① めいしに使う和紙のとくちょうを二つ書きましょう。

（　　）（　　）

② 自分のことをしょうかいするめいしを和紙で作っているのはなぜですか。

（　　）

③ 孫にお年玉をあげるときにも、和紙を使うのはなぜですか。

紙を選ぶわたしたちの気持ちによって、長い間、和紙は作られ、さまざまなところで使われ続《つづ》けてきたのだと、わたしは考えています。そして、和紙を作るぎじゅつは、世界にほこれる無形《むけい》文化遺産《いさん》になりました。みなさんは、今、洋紙だけでなく、和紙を選ぶこともできます。いつも同じものを使うのではなく、美しくかざりたいと思ったり、相手によろこんでもらいたいと考えたりして、紙を選ぶことは、とてもすてきなことです。みなさんも、世界にほこる和紙を、生活の中で使ってみませんか。

（増田　勝彦『国語四下　はばたき』光村図書）

④ 次の文を読んで、正しいものに○をつけましょう。

（　）和紙は洋紙よりすぐれている。
（　）和紙を使うと洋紙より気持ちが伝《つた》わりやすい。
（　）和紙のよさと選ぶ人の気持ちによって和紙は使われ続けてきた。
（　）美しくかざりたいときや相手によろこんでもらいたいときは必《かなら》ず和紙を使う。
（　）相手や自分の気持ちにおうじて紙を選ぶことはすてきなことだ。

説明文　数え方を生みだそう①

名前

月　日

次の文章を読んで、後の問いに答えましょう。

わたしはアメリカで、日本語を勉強している小学生に数え方を教えたことがあります。子どもたちは授業《じゅぎょう》でしばらく日本語を学んできましたが、ふだんは外国語で生活しています。ある日、わたしはかれらにニンジンの数え方を聞いてみました。正しい答えは「一本」なので、それを期待していたのですが、あがった声は意外なものでした。子どもたちからは、

① わたしが日本語を勉強している小学生に数え方を教えたのはどこの国ですか。

（　　　　）

② その小学生は、ふだんはどんな言葉で生活していますか。

（　　　　）

③ わたしは何の数え方を聞いてみたのですか。

（　　　　）

④ それとは何を指していますか。

（　　　　）

1

2

「ぼくはニンジンが好《す》きだから『一好き、二好き』がいいと思う。」

と、びっくりするような新しい数え方が飛《と》び出したのです。アメリカの子どもたちは、ニンジンを見たときに、細長いということだけでなく、ほかの特《とく》ちょうに気づいたり、好きかきらいかということを考えたりして、自分たちで数え方を生みだしていたのです。

（飯田 朝子『新しい国語 四下』東京書籍）

⑤ 1 2には、アイのどの文が入りますか。選《えら》んで記号を書きましょう。

1（　　）

2（　　）

ア「ニンジンは固《かた》くてガリガリかじらなくちゃいけないから『一ガリ、二ガリ』です。」

イ「ちがいます。オレンジ色をしているから、ニンジンは『一オレンジ、二オレンジ』だと思います。」

⑥ 新しいニンジンの数え方を考えて、書きましょう。

（　　）

説明文　数え方を生みだそう②

名前

月　日

次の文章を読んで、後の問いに答えましょう。

日本語を正しく使うために正しい数え方を身につけることは、とても大切です。（１）、それはわたしたちのものの見方をせばめてしまうこともあります。ニンジンを見てもえん筆を見ても、それらを「本」と数えるときには、細長いという特《とく》ちょうにしか目が行かなくなるのです。

改《あらた》めて気づくのは、日本語の数え方に

① 日本語を正しく使うために大切なことは何ですか。

（　　　　　　　　　　）

② （１）にあてはまる言葉を選《えら》んで、○をつけましょう。

（　）だから
（　）しかし
（　）このように

③ 正しい数え方を身につけることが、ものの見方をせばめてしまうこととはどんなことですか。

は色やにおい、固《かた》さや手ざわり、温度、味、古さ、好《す》ききらいなどを表すものがないということです。もし、こういった特ちょうを表す数え方が生まれたら、日本語はもっと便利《べんり》で表情《ひょうじょう》ゆたかになるかもしれません。数え方は、今あるものを正しく覚《おぼ》えて使うだけでなく、新しく生みだすことだってできるのです。そんなことができるのかと思うかもしれませんが、このような例《れい》は、日本語の歩みの中ではめずらしいことではありません。

（飯田 朝子『新しい国語 四下』東京書籍）

④ ニンジンやえん筆を「本」と数えると目が行かなくなることは何でしょう。

（　　　　）

⑤ 日本語にはない特ちょうを表す数え方とは何でしょう。

（　　　　）

⑥ 特ちょうを表す数え方が生まれると日本語はどうなるでしょう。

（　　　　）

⑦ そんなこととは何をさしていますか。

（　　　　）

説明文　数え方を生みだそう③

名前　　　月　　日

次の文章を読んで、後の問いに答えましょう。

その後にも、数え方は生まれ続《つづ》けています。家は「一けん」と数えますが、マンションなどの大がたの集合住たくの場合には、「一とう」と数えることが多いようです。近年は広告《こうこく》などで、ごうかな建《たて》物《もの》を連想《れんそう》させる「一てい」という言葉も使われています。にぎりずしの「一かん」も、記録《きろく》によると、江戸《えど》時代からあ

① 家は何と数えますか。
（　　　）

② マンションなどの大がたの集合住たくは何と数えますか。
（　　　）

③ 近年、ごうかな建物を連想させる数え方は何ですか。
（　　　）

④ にぎりずしの「一かん」という数え方はいつ生まれましたか。
（　　　）

るのではなく、にぎりずしをおいしそうに数えるために、昭和時代の終わりに生まれたもののようです。

（１）、数え方は、いろいろな発想をもって生みだすことができます。これまで受けつがれてきた言い方を正しく使っていくことは、もちろん大切ですが、一方で、新しいものを生みだせるという、言葉のじゅうなんさにも目を向けることが大切です。

（飯田 朝子『新しい国語 四下』東京書籍）

⑤ ④の数え方は、なんのために生まれたのですか。

（　　　　　　　　　　）

⑥ （１）に入る言葉を選《えら》んで、○をつけましょう。

（　）このように
（　）そのかわり
（　）それなのに

⑦ 数え方で大切なことを二つ書きましょう。

（　　　　　　　　　　）
（　　　　　　　　　　）

短歌

名前

月　日

百人一首《いっしゅ》は、百人の人の短歌を一首ずつ（短歌は一首、二首と数える）集めたもので、かるたにもなっています。

短歌は、「和歌」ともいい、五・七・五・七・七の三十一音で作られています。

声に出して読んでみましょう。

天《あま》の原　ふりさけ見れば　春日《かすが》なる
三笠《みかさ》の山に　出《い》でし月かも

安倍《あべの》仲麻呂《なかまろ》

意味　大空を見上げてみると月が見える。あれは故郷《こきょう》の春日の三笠の山に出た月だなあ。

あらしふく　三室《みむろ》の山の　もみぢ葉《ば》は
竜田《たつた》の川の　※錦《にしき》なりけり
能因法師《のういんほうし》

意味
あらしがふいて散《ち》った三室山のもみじの葉は、竜田川の水面《みなも》にういて美しい錦のようになっていることだ。

※綿＝絹地《きぬじ》に、色のついた糸や金や銀の糸でもようをつけたぬの。

大江山《おおえやま》　いく野の道の　遠ければ
まだふみもみず　天《あま》の橋立《はしだて》
小式部内侍《こしきぶのないし》

意味
大江山から生野への道は遠いので、天の橋立までいったことはありませんし、（母からの）手紙も見ていません。

作者が歌合せによばれ意地悪を言われたときに、とっさに返した歌です。作者の母は、オのうあふれた歌人として知られていましたが、当時は丹波《たんば》という遠いところに行って不ざいにしていました。「今日、歌合せで詠《よ》む歌を、丹波のお母さんに作ってもらいましたか」とからかわれたときに、この歌を詠んだのです。

ことわざ

名前　　　　月　　日

「ことわざ」は、昔から人々《ひとびと》の中で語り伝《つた》えられた言葉です。
生活の中でのかんたんな教えや、いましめ（やったらいけないことを注意すること）
の意味をふくんでいます。

笑《わら》う門《かど》には福来《ふくき》たる

いつも笑いがある家には、自然《しぜん》と幸福がめぐってくるという意味。

● 次のことわざの意味を国語辞典《じてん》で調べましょう。また、ことわざを覚《おぼ》えて、生活の中で使ってみましょう。

① 頭かくして　しりかくさず

（　　　　　）

② 急がば　回れ

（　　　　）

③ ちりも　積《つ》もれば　山となる

（　　　　）

④ 能《のう》ある　鷹《たか》は　つめを　かくす

（　　　　）

⑤ 人のふり　見て　我《わ》がふり　直せ

（　　　　）

⑥ 負けるが　勝ち

（　　　　）

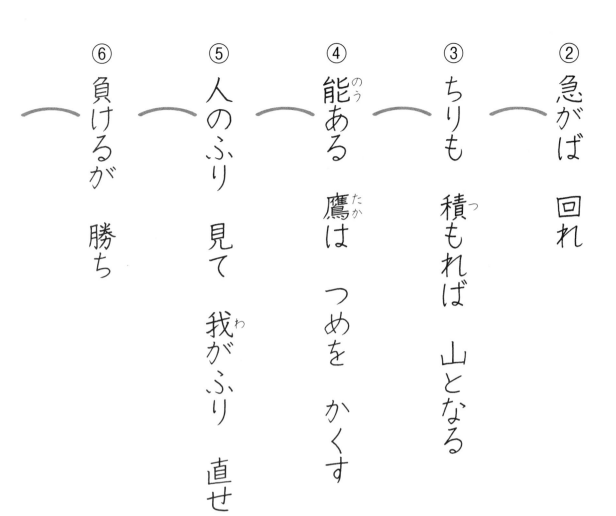

学力の基礎をきたえどの子も伸ばす研究会

HPアドレス　http://gakuryoku.info/

常任委員長　岸本ひとみ
事務局　〒675-0032 加古川市加古川町備後 178－1－2－102 岸本ひとみ方 ☎・Fax：079－425－8781
mail：info21@gakuryoku.info

① めざすもの

私たちは、すべての子どもたちが、日本国憲法と子どもの権利条約に基づき、確かな学力の形成を通して豊かな人格の発達が保障され、民主平和の日本の主権者として成長することを願っています。しかし、発達の基盤ともいうべき学力の基礎を鍛えられないまま落ちこぼれている子どもたちが普遍化し、「荒れ」の状況があちこちで出てきています。

私たちは、「見える学力、見えない学力」を共に養うこと、すなわち、基礎の学習をやり遂げさせること、読書やいろいろな体験を積むことを通して、子どもたちが「自信と誇りとやる気」を持てるようになると考えています。

私たちは、人格の発達が歪められている状況の中で、それを克服し、子どもたちが豊かに成長するような実践に挑戦します。

そのために、つぎのような研究と活動を進めていきます。

① 「読み・書き・計算」を基盤とした学力の基礎をきたえる実践の創造と普及。
② 豊かで確かな学力づくりと子どもを励ます指導と評価の探究。
③ 特別な力量や経験がなくても、その気になれば「いつでも・どこでも・だれでも」ができる実践の普及。
④ 子どもの発達を基軸とした父母・国民・他の民間教育団体との協力、共同。

私たちの実践が、大多数の教職員や父母・国民の方々に支持され、大きな教育運動になるよう地道な努力を継続していきます。

② 会　　員

・本会の「めざすもの」を認め、メルマガへの登録者を会員とする。
・特典　研究会をする場合、講師派遣の補助を受けることができる。
　　　　自分の実践を学力研ニュースなどに発表することができる。
　　　　研究の部会を作り、会場費などの補助を受けることができる。
　　　　地域サークルを作り、会場費の補助を受けることができる。

③ 活　　動

全国家庭塾連絡会と協力して以下の活動を行う。

・全国フォーラム　全国の研究、実践の交流、深化をはかる場とし、年１回開催する。通常、夏に行う。
・地域別集会　地域の研究、実践の交流、深化をはかる場とし、年１回開催する。
・合宿研究会　研究、実践をさらに深化するために行う。
・地域サークル　日常の研究、実践の交流、深化の場であり、本会の基本活動である。
　　　　　　　　可能な限り月１回の例会を行う。会場費の補助を受けることができる。
・全国キャラバン　地域の要請に基づいて講師派遣をする。

全国家庭塾連絡会

① めざすもの

私たちは、日本国憲法と子どもの権利条約の精神に基づき、すべての子どもたちが確かな学力と豊かな人格を身につけて、わが国の主権者として成長することを願っています。しかし、わが子も含めて、能力があるにもかかわらず、必要な学力が身につかないままになっている子どもたちがたくさんいることに心を痛めています。

私たちは学力研が追究している教育活動に学びながら、「全国家庭塾連絡会」を結成しました。

この会は、わが子に家庭学習の習慣化を促すことを主な活動内容とする家庭塾運動の交流と普及を目的としています。

私たちの試みが、多くの父母や教職員、市民の方々に支持され、地域に根ざした大きな運動になるよう学力研と連携しながら努力を継続していきます。

② 会　　員

本会の「めざすもの」を認め、会費を納入する人は会員になれる。
会費は年額 1500 円とし（団体加入は年額 3000 円）、3月末までに納入する。
会員は会報（ニュース「たんぽぽ」）や連絡交流会の案内、学力研集会の情報などをもらえる。

事務局　〒564-0041　大阪府吹田市泉町４－29－13　影浦邦子方　☎・Fax 06－6380－0420
郵便振替　口座番号　００９００－１－１０９９６９　名称　全国家庭塾連絡会

国語習熟プリント　小学４年生　2020 年 8 月 30 日　発行

著　者	桝谷　雄三	企　画	フォーラム・A
編　集	金井　敬之	発行所	清風堂書店
発行者	面屋　　洋		〒530-0057　大阪市北区曽根崎2-11-16
制作編集担当	藤原　幸祐　☆☆ 3024		TEL 06-6316-1460／FAX 06-6365-5607
表紙デザイン	ウエナカデザイン事務所		

※乱丁・落丁本は、お取り替えいたします。

国語4年生 習熟プリント

答え

答え方のワンポイントアドバイスつき!

送りがな ①

名前　　　月　　日

1 次の漢字の送りがなで、正しいものを選《えら》んで、○をつけましょう。

① （　）固ためる　（○）固める　（　）固る

② （　）働たらく　（　）働らく　（○）働く

③ （○）散らかす　（　）散かす　（　）散す

④ （　）試ろみる　（○）試みる　（　）試る

⑤ （　）治さめる　（○）治める　（　）治る

⑥ （　）幸あわせ　（　）幸わせ　（○）幸せ

2 次の漢字の送りがなで、正しい方を選んで、○でかこみましょう。

① 生《はえる》（**える**　る）　② 覚《おぼえる》（る　**える**）　③ 改《あらためる》（**める**　る）

④ 浴《あびる》（る　**びる**）　⑤ 願《ねがう》（**う**　がう）　⑥ 止《とめる》（る　**める**）

⑦ 残《のこす》（**す**　こす）　⑧ 戦《たたかう》（**う**　かう）　⑨ 包《つつむ》（**む**　つむ）

⑩ 老《おいる》（**いる**　る）　⑪ 満《みちる》（る　**ちる**）　⑫ 変《かわる》（る　**わる**）

⑬ 付《つける》（**ける**　る）　⑭ 唱《となえる》（る　**える**）　⑮ 栄《さかえる》（る　**える**）

3 送りがなのちがいに注意して、——の漢字に読みがなを書きましょう。

① 苦い薬を飲む。（にが）　苦しい時もがんばろう。（くる）

② 野球チームに入る。（はい）　ボールをゴールに入れる。（い）

③ 細い道を走った。（ほそ）　細かいすなをすくった。（こま）

④ 少しだけ残した。（すこ）　少ない水しか残っていない。（すく）

⑤ 雨が上がった。（あ）　坂を上って行く。（のぼ）

送りがな ②（かなづかい）

名前　　　月　　日

1 次の——の言葉の送りがなを書きましょう。

① はじめての朝。　初（めて）

② 名をつらねる。　連（ねる）

③ 友達《ともだち》をたすける。　助（ける）

④ もっとも近い。　最（も）

⑤ お湯をさます。　冷（ます）

⑥ 町がさかえる。　栄（える）

⑦ コマをまわす。　回（す）

⑧ くわえる。　加（える）

⑨ いさましい人。　勇（ましい）

⑩ ねだんがやすい。　安（い）

⑪ しずかにする。　静（かに）

⑫ ながいひも。　長（い）

⑬ まったく知らない。　全（く）

⑭ 家にかえる。　帰（る）

2 （　）に合う送りがなを書きましょう。

① 努《つと》める　努（めれ）ば。　努（め）よう。

② 美しい　美（しく）なる。　美（し）かった。

3 次のかなづかいで、正しい方を選《えら》んで、○をつけましょう。

① （○）かんづめ　（　）かんずめ

② （　）はなじ　（○）はなぢ

③ （　）ぢしゃく　（○）じしゃく

④ （○）あいず　（　）あいづ

⑤ （○）おおどおり　（　）おうどおり

⑥ （○）こおろぎ　（　）こうろぎ

⑦ （○）おとうさん　（　）おとおさん

⑧ （　）とおだい　（○）とうだい

⑨ （　）ちじれる　（○）ちぢれる

⑩ （　）いきよい　（○）いきおい

⑪ （　）こずつみ　（○）こづつみ

⑫ （　）とおとい　（○）とうとい

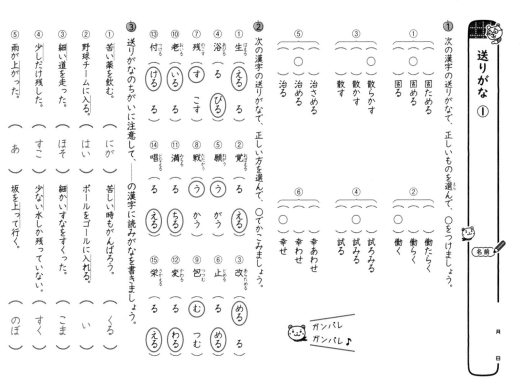

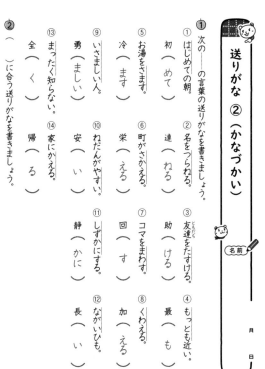

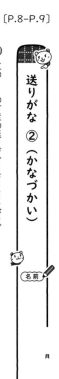

いろいろな言葉の使い方

名前　　月　　日

1 次の——の言葉を、ていねいな言い方にかえましょう。

① ぼくは、昨日《きのう》、サッカーの試合《しあい》で勝った。（勝ちました）
② わたしは、昨日、お母さんに本を買ってもらった。（買ってもらいました）
③ そのバナナ、ぼくが食べようと思っていた。（思っていました）
④ わたしが道で転んだとき、先生が来てくれた。（来てくれました）

2 次の赤ちゃんことばの意味を□から選《えら》んで、記号で書きましょう。

① あんよ　② ワンワン　③ ブーブー　④ まんま　⑤ ポンポン
（エ）（イ）（オ）（ウ）（ア）

ア おなか　イ 犬　ウ ご飯《はん》　エ 足　オ 車

3 次の——の言葉は、全国各地《かくち》の言葉です。共通語《きょうつうご》にするとどんな意味になりますか。□から選んで、記号を書きましょう。

① 空港に下りると、笑顔《えがお》で「めんそーれー」と言われた。（オ）
② 今日から二月で、外はなまら寒かった。（イ）
③ 「あ！　山田さん、やっとかめだねえ。」（エ）
④ ボールが急にとんできて、本当におぶけた。（ウ）
⑤ 「これ、あげるよ。」「おおきに！」（ア）

ア ありがとう　イ とても　ウ おどろいた　エ ひさしぶり　オ いらっしゃい

ファイト

4 次の言葉は、会話のときなどにくだけた言い方でよく使います。例《れい》にならって、くだけた言い方にかえましょう。

〈例〉母（お母さん）

① 父（お父さん）　② 祖母《そぼ》（おばあさん）　③ 姉（お姉さん）
④ 教師《きょうし》（先生）　⑤ 医師（お医者さん）　⑥ 明日《みょうにち》（あした）
⑦ 食事（ご飯）　⑧ おどろく（びっくりする）　⑨ 話す（しゃべる）

※答えは、例です。

慣用句（きまったいいかた）①

名前　　月　　日

慣用句《かんようく》とは、いくつかの言葉が結《むす》びついて、ある決まった意味を表す言葉です。

1 次の文の意味を□から選《えら》んで、記号を書きましょう。

① 目を丸くする（イ）　② 目を光らす（ウ）
③ 目がとどく（ア）　④ 目にもとまらぬ（カ）
⑤ 目も当てられない（オ）　⑥ 目のかたき（エ）

ア 注意がいきとどく
イ おどろいて目を見開く
ウ きびしく見はる
エ 何かにつけて、にくいと思う
オ ひどくて見るにたえない
カ とても速くてはっきり見えない

2 （　）に合う言葉を□から選んで、書きましょう。

① （歯）がたたない…かなわない
② （耳）がいたい…弱点をつかれてつらい
③ （口）をつぐむ…だまってしまう
④ （目）をこらす…じっと見つめる
⑤ （のど）がいい…歌声が良《よ》い
⑥ （足）を運ぶ…わざわざ出かける
⑦ （かた）を入れる…ひいきする
⑧ （手）を焼《や》く…どうすることもできない

口　足　歯　鼻　目　手　耳　のど　かた

3 次の慣用句の意味で正しいものを、線で結びましょう。

① 手をかす ―― 手伝《てつだ》う
② …に目がない ―― とても好《す》きだ
③ 耳にする ―― たまたま聞く
④ 顔が広い ―― 知り合いが多い
⑤ 口に合う ―― おいしいと感じる

（右側の選択肢の並び：おいしいと感じる／たまたま聞く／知り合いが多い／手伝《てつだ》う／とても好《す》きだ）

もう少しだよ！

慣用句（きまったいいかた）②

名前　　　月　　日

1 次の慣用句《かんようく》の意味を□から選《えら》んで、記号を書きましょう。

① 顔をつぶす……（イ）　② 足をあらう……（ク）
③ 鼻であしらう……（オ）　④ うでが上がる……（キ）
⑤ 手がかかる……（ア）　⑥ むねがいたむ……（カ）
⑦ 首をつっこむ……（エ）　⑧ 目にあまる……（ウ）

ア 世話がやける　イ はじをかかす　ウ 見ておれない　エ 関係《かんけい》する
オ いいかげんにあつかう　カ とても心配する　キ 上手《じょうず》になる　ク やめる

2 次の言葉を見て、正しい慣用句になる方を選んで、○でかこみましょう。

① 後の（しまつ　(まつり)）
② ほねを（(おる)　のばす）
③ さじを（つかむ　(なげる)）
④ はらが（(くろい)　いたい）
⑤ 口が（ちいさい　(かたい)）
⑥ 水に（(ながす)　うかぶ）
⑦ 油を（とる　(うる)）

3 次の慣用句の意味で正しいものを、線で結《むす》びましょう。

① かたで風を切る
② 頭が下がる
③ 口が重い
④ 耳をかす
⑤ こしが低《ひく》い
⑥ 首を長くする
⑦ むねがつぶれる
⑧ 目もくれない
⑨ 手をぬく

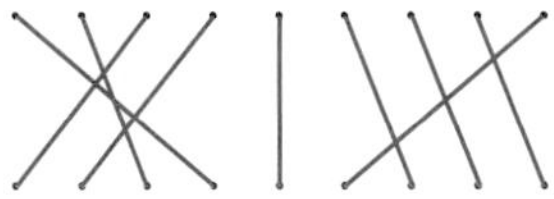

・そんけいする
・口数が少ない
・人の意見を聞く
・いばって歩く
・いばらないで、たい度がていねいである
・いいかげんにする
・関心《かんしん》がない
・待ちこがれる
・ひどく悲しむ

がんばったね

慣用句（きまったいいかた）③

名前　　　月　　日

1 次の（　）に合う慣用句《かんようく》を□から選《えら》んで、記号を書きましょう。

① 友達《ともだち》が集まって（オ）。
② 自転車にぶつかりそうになり、はっと（イ）。
③ おじいさんから、その話は（ア）ほど何度も聞いた。
④ 毎日、練習をくり返したので（ウ）。
⑤ 妹が、約束《やくそく》をやぶったので（エ）。
⑥ そんな作り話は、おかしくって（カ）よ。
⑦ 家の戸じまりをしないで、どろぼうに入られても（ク）。
⑧ この問題集からテストに出るとは（キ）。

ア 耳にたこができる　イ 息をのんだ　ウ うでを上げた　エ はらを立てた
オ 話に花がさいた　カ へそで茶をわかす　キ 耳よりな話だ　ク 後の祭りだ

2 次の慣用句を見て、正しい意味の方を選んで、○をつけましょう。

①「歯がうく」
（○）見えすいたほめ言葉は、歯がうく思いだ。
（　）むし歯がなかなか治《なお》らないので、歯がうく。

②「手をぬく」
（○）いそがしさが続《つづ》いて、練習の手をぬく。
（　）友達にうらぎられたので、手をぬく。

③「口が軽い」
（　）すっかりごちそうになったので、口が軽い。
（○）口が軽い人は、きらわれる。

④「むねをなでおろす」
（　）ごちそうを食べすぎて、むねをなでおろす。
（○）まい子の知り合いが発見されて、むねをなでおろす。

きっとできるよ！

熟語の組み立て①

名前　　月　日

❶ 次の意味に合う熟語《じゅくご》になるように、漢字を[　]から選《えら》んで、書きましょう。

① はたらき。ほね折《お》りのこと。（労力）
② うで前。本当の力。（実力）
③ 持っている全ての力。（全力）
④ 物事を成《な》しとげる力。（力量）
⑤ 力をこめて作った作品（力作）
⑥ 強く主ちょうすること（力説）
⑦ 物事を成しとげていく気持ちの力（気力）
⑧ 仕事や病気などにたえる体のの力（体力）

作　量《りょう》　労《ろう》　全　気　説《せつ》　実　体

❷ 次の——線の漢字の読みがなで正しいものを選んで、〇でかこみましょう。

① 妹の好《す》きな果物は、バナナだ。
（かいもの　おやつ　(くだもの)）
② 姉は、ゆかたを上手に着る。
（うわて　(じょうず)　かみて）
③ 兄は、八百屋でアルバイトをしている。
（はっぴゃくや　(やおや)　こめや）
④ なっ豆《とう》は、大豆を原料《げんりょう》にして作る。
（(だいず)　おおまめ　あずき）
⑤ この土地の持ち主はだれですか。
（じぬし　もちしゅ　(もちぬし)）

もう一息！

熟語の組み立て②

名前　　月　日

❶ 次の□に「コウ」と読む漢字を書いて、二字の熟語《じゅくご》を作りましょう。（　）の言葉は、その字の意味を表しています。

① 好意（すき）
② 歩行（いく）
③ 学校（まなびや）
④ 公園（おおやけ）
⑤ 幸福（さいわい）
⑥ 参《さん》考（かんがえる）
⑦ 工事（建物《たてもの》などをつくる）
⑧ 方向（むき）
⑨ 漁《ぎょ》港（みなと）
⑩ 電光（ひかり）

ていねいに書けたかな？

❷ 次の熟語の読みの組み合わせで、正しいものを[　]から選《えら》んで、記号を書きましょう。

① 雨具（エ）　② 速達《そくたつ》（ア）　③ 機会《きかい》（ア）
④ 筆箱（イ）　⑤ 先手（ウ）　⑥ 遠浅《とおあさ》（イ）
⑦ 都市（ア）　⑧ 道順《みちじゅん》（エ）　⑨ 古本（エ）
⑩ 旅路（イ）　⑪ 音楽（ア）　⑫ 西日（イ）

ア　音・音（算数）
イ　訓《くん》・訓（花屋）
ウ　音・訓（台所）
エ　訓・音（指図）

❸ 次の漢字を使って、例《れい》のように三文字の熟語を作りましょう。

〈例〉
① 者……（科学者）……（研究者）（相談者）など
② 家……（彫刻《ちょうこく》家）……（音楽家）（勉強家）など
③ 所……（発電所）……（市役所）（区役所）など
④ 館……（美術《びじゅつ》館）……（体育館）（図書館）など

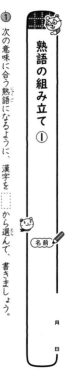

熟語の組み立て③

名前　　月　日

1 次の意味に合う漢字を[ ]から選《えら》んで、熟語《じゅくご》を作りましょう。

(1) 反対の意味の漢字で作る熟語

① 勝［負］　② 高［低］　③ ［終］始　④ 長［短］

(2) 意味のにている漢字で作る熟語

① 家［屋］　② 付《ふ》［着］　③ 生［産］　④ 学［習］

終　短　負　低《てい》

産　着　屋　習

2 次の熟語の意味を、例《れい》のように漢字の訓読《くんよ》みで書きましょう。

〈例〉歩道（歩く道）

① 新品（新しい品）　② 食物（食べる物（食べ物））　③ 登山（山に登る）

④ 休日（休みの日）　⑤ 強国（強い国）　⑥ 乗車（車に乗る）

3 次のように読む熟語を、漢字で書きましょう。

① タイリョウ
ア 今日《きょう》はイカが（大漁）だ。
イ （大量）の血が出た。

② キョウリョク
ア （強力）なじ石《しゃく》だ。
イ 君に（協力）するよ。

③ シシャ
ア 外国からの（使者）。
イ 映画《えいが》の（試写）会。

④ ジシン
ア 自分（自身）で考えなさい。
イ （自信）をもって答えた。

⑤ カンシン
ア いまどき（感心）な子だ。
イ 政治《せいじ》の世界に（関心）をもった。

⑥ キョウダイ
ア 兄と弟で（兄弟）です。
イ 母が（鏡台）を買った。

文末の表し方①

名前　　月　日

1 次の文に合う言葉を[ ]から選《えら》んで、書きましょう。

① ぼくは、お皿をわって［しまった］。

② 昨日《きのう》、いなかにおじいさんが帰って［いった］。

③ いつも、お母さんに朝ごはんを作って［もらう］。

④ 答えに自信《じしん》がなかったが、黒板に書いて［みた］。

⑤ 明日《あす》、本読みが当たるので、今、読んで［いる］。

いる　しまった　みた　もらう　いった

2 次の文の表している意味を[ ]から選んで、記号を書きましょう。

(1) 本を読む

① 本を読んであった。［イ］
② 本を読んでおく。［ア］
③ 本を読んでやる。［ウ］
④ 本を読んでしまった。［エ］

ア すでにじゅんびをしているようす
イ したことの結果《けっか》を表すようす
ウ 相手にしてあげるようす
エ することが終わったようす

(2) 兄が走る

① 兄が走っている。［エ］
② 兄が走ってみる。［イ］
③ 兄が走ってくる。［ウ］
④ 兄が走っていく。［ア］

ア 遠のいていくようす
イ ためしにするようす
ウ 近づいているようす
エ 動きやありさまが、続《つづ》いているようす

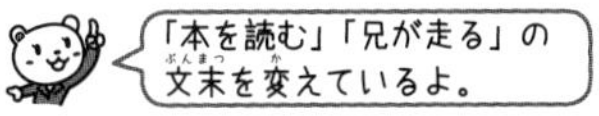

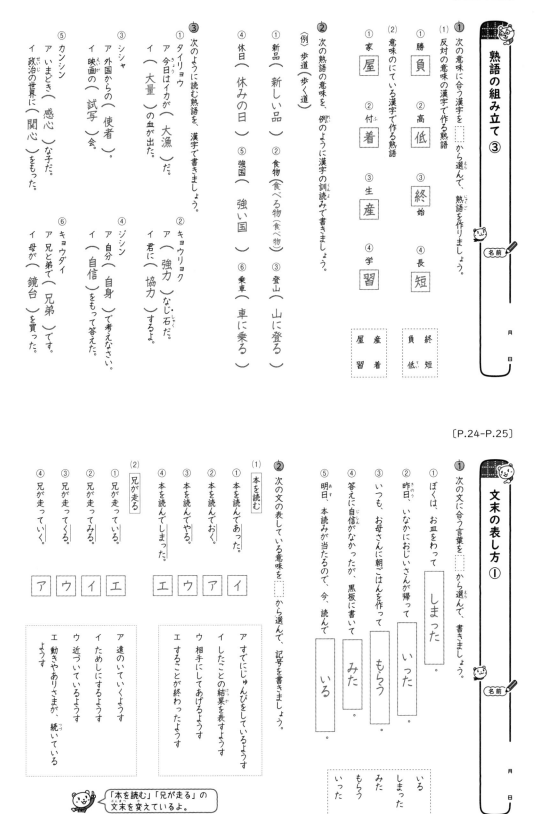

文末の表し方 ②

名前　　月　日

❶ 次の文末《ぶんまつ》が表す意味を[ ]から選《えら》んで、記号を書きましょう。

① 赤ちゃんが、今にも泣《な》きそうだ。（オ）
② おじいさんが百才でなくなったそうだ。（エ）
③ その試合《しあい》は、七時ぐらいに終わるだろう。（ウ）
④ その本は、おもしろいそうだ。（エ）
⑤ 今度の遠足は、動物園だ。（ア）
⑥ 明日《あす》は発表だ。君は調べておくべきだよ。（イ）
⑦ このミカンはきっとおいしいだろう。（ウ）
⑧ 二学期になると、転校生が来るらしい。（エ）
⑨ となりのクラスは、いつも楽しそうだ。（オ）

ア 言い切っている
イ 相手にはっきりしめす
ウ おしはかって、はっきりしない
エ だれかから聞いた
オ ようすを表す

❷ 文末には、いろいろな表し方があります。次の文の「か」の意味を[ ]から選んで、記号を書きましょう。

① この本はだれの本ですか。（ア）
② あなたもいっしょに行きませんか。（エ）
③ さて、本当にそうなのだろうか。（イ）
④ こんなことで、泣くやつがあるか。（ウ）
⑤ 乗るべきか、下りるべきか。（オ）
⑥ 満員《まんいん》だが、席《せき》にすわれるのだろうか。（イ）
⑦ 人気の音楽を聞いてみませんか。（エ）
⑧ 転校生の名前は何といいますか。（ア）
⑨ スカートにしようか、ズボンにしようか。（オ）

ア 問いかけている
イ うたがっている
ウ 強めている
エ さそいかけている
オ どちらか考えている

動詞（うごきことば）①

名前　　月　日

人やものの動き、状態《じょうたい》の変化《へんか》、存在《そんざい》を表す言葉を、動詞《どうし》（うごきことば）といいます。

ア 人やものの動き
・山に登る。
・風車が回転する。

イ 人やものの状態の変化
・体が冷《ひ》える。
・空が晴れる。

ウ 人やものの存在
・そこに人がいる。
・前に花びんがある。

❶ 次の言葉の中から動詞を選《えら》んで、○でかこみましょう。

① かわいい　② 遠い　③ 見る（○）　④ すわる（○）　⑤ 赤い
⑥ 歩く（○）　⑦ とぶ（○）　⑧ 大きい　⑨ きれいな　⑩ 取る（○）
⑪ 食べる（○）　⑫ 細い　⑬ はやい　⑭ おかしい　⑮ 歌う（○）

❷ 次の――の動詞が表すものを[ ]から選んで、記号を書きましょう。

① 犬が走る。［ア］
② タオルがかわく。［イ］
③ たぬきが住んでおる。［ウ］
④ 海で泳ぐ。［ア］
⑤ お湯がわく。［イ］
⑥ うさぎがはねる。［ア］
⑦ ゴムがのびた。［イ］
⑧ 人がいた。［ウ］
⑨ 山に行く。［ア］
⑩ お茶を飲む。［ア］

ア 人やものの動き
イ 人やものの状態の変化
ウ 人やものの存在

❸ 次の文から、動詞を九つ見つけて線を引きましょう。

十一月十二日。今日《きょう》はお母さんのたん生日。妹と、プレゼントをあげることにした。それと、夕食を妹と二人で作ることにした。プレゼントはビーズのネックレスで、夕食はカレーライスとサラダに決まった。わたしがカレーライスで、妹がサラダを作るんだけど、うまくできるかなあ。お母さんのよろこぶ顔を見るのが楽しみだ。

動詞（うごきことば）②

名前　　　月　　日

動詞《どうし》は、いろいろな形に変《か》えて使います。
ア 見る　イ 見ない　ウ 見ます
エ 見れば　オ 見ろ　カ 見よう

ア 見る ― イ 見ない／ウ 見ます／エ 見れば／オ 見ろ／カ 見よう

1 次の動詞を、右の「見る」のように形を変えて書きましょう。

① ア さがす
イ（さがさない）
ウ（さがします）
エ（さがせば）
オ（さがせ）
カ（さがそう）

② ア 起きる
イ（起きない）
ウ（起きます）
エ（起きれば）
オ（起きろ）
カ（起きよう）

2 次の文に合うように動詞の形を変えて書きましょう。

ア さがす
イ ちこくするので、ハンカチは（さがさない）。
ウ お母さんにプレゼントするハンカチを（さがします）。
エ ハンカチは、引き出しを（さがせば）あるはずだよ。
オ 買ったばかりのハンカチをなくしたのか。（さがせ）。
カ そんなに大切なハンカチなら、いっしょに（さがそう）。

ア 起きる（イ～カの順《じゅん》ではありません）
① 明日《あす》はラジオ体そうだ。みんなで六時に（起きよう）。
② ラジオ体そうの日は、いつも六時に（起きます）。
③ 六時に（起きれば）、ラジオ体そうに行けるよ。
④ かぜをひいたので、六時には（起きれない）。
⑤ もう七時だ！（起きろ）。

動詞（うごきことば）③

名前　　　月　　日

1 次の動詞《どうし》を、例《れい》のように形を変《か》えて書きましょう。

〈例〉歩く
ア お母さんは、昨日《きのう》スーパーまで 歩いた。
イ お母さんは、スーパーが休みの日は 歩かない。
ウ お母さんは、ぼくとスーパーまで 歩こう と言った。

① 書く
ア ぼくは、夏休みに毎日絵日記を（書いた）。
イ ぼくは、絵日記を毎日は（書かない）。
ウ ぼくは、毎朝、絵日記を（書こう）と思った。

② 消す
ア 花火の火を、すぐ（消した）。
イ 花火の火を、お兄ちゃんはすぐ（消さない）。
ウ 花火の火を、すぐに（消そう）としないので注意した。

ガンバレ♪
ガンバレ

2 次の□に合う動詞を選《えら》んで、○をしましょう。

① 今日《きょう》、先生に□。（ほめる　ほめた　**ほめられた**）
② 兄は水泳部なので、速く□はずだ。（泳ぐ　**泳げる**　泳がされる）
③ けんかして兄に□。（泣《な》いた　泣けた　**泣かされた**）

3 次の文の動詞を、例のように形を変えて書きましょう。

〈例〉おとなりのピーターさんは、英語を 話す。　ア 話すことができる　イ 話せる
① 妹は、わたしよりうまくピアノを ひく。　ア（ひくことができる）イ（ひける）
② トラックは、重い荷物を 運ぶ。　ア（運ぶことができる）イ（運べる）
③ 四年生の弟は、料理《りょうり》を 作る。　ア（作ることができる）イ（作れる）

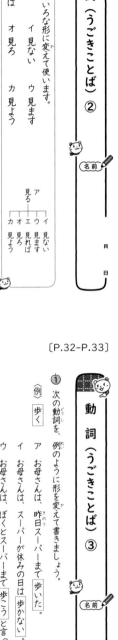

動詞（うごきことば）④

名前　　月　日

❶ 次の□の動詞《どうし》を、例《れい》のような文に合うように形を変《か》えて書きましょう。

〈例〉お父さんは、昨日《きのう》ステーキを［食べる］。→（食べた）

① 昨日、お父さんがかさをわすれたので、駅までむかえに［行く］。→（行った）

② お母さんに［たのむ］、プラモデルを［買う］もらった。→（たのんだ）（買って）

③ 台風が［近づく］ので、雨と風が強くなってきた。→（近づいた）

④ たなの上に［ある］クッキーが、もうない。→（あった）

⑤ わたしが［こぼす］牛にゅうが、教室のゆかに広がった。→（こぼした）

❷ 次の文を読んで、後の問いに答えましょう。

> 今、アラスカは春です。ねむっていた動物たちはいっせいに目を覚《さ》まします。ハイイログマ、ドールシープ、アラスカンムース、アカリス、ホッキョクギツネ。他にもたくさんいます。巣《す》あなから出てきた子どもたちが、春の温かさの中で遊びます。しかし、動物たちばかりではありません。たくさんの植物も花をさかせます。むらさきやオレンジ、赤などの色がまるで花の海のように広がります。

(1) 右の文から動詞を八つさがして、形を変えず書きましょう。

①（ねむっていた）②（さまします）③（います）④（出てきた）

⑤（遊びます）⑥（ありません）⑦（さかせます）⑧（広がります）

(2) (1)で書いた動詞を、き本の形にして書きましょう。

①（ねむる）②（さます）③（いる）④（出てくる）

⑤（遊ぶ）⑥（ある）⑦（さく）⑧（広がる）

形容詞（ようすことば）①

名前　　月　日

「青い海」「雨がはげしい」「力が強い」などのように、人やものの状態《じょうたい》や性質《せいしつ》を表す言葉を、形容詞《けいようし》（ようすことば）といいます。言い切りの形は「〜い」で終わります。

❶ 次の（　）に合う形容詞を［　］から選《えら》んで、書きましょう。

① このオレンジジュースは（あまい）。

② せみの鳴き声がとても（うるさい）。

③ チョウのたまごは、すぐわからないくらい（小さい）。

④ 今日はたん生日なので、とても（うれしい）。

［小さい　うれしい　うるさい　あまい］

❷ 次の言葉の中から形容詞を選んで、○をつけましょう。

① 続《つづ》く（　）② おいしい（○）③ 黒い（○）④ にげる（　）

⑤ かがやき（　）⑥ かるい（○）⑦ 無《な》い（○）⑧ 高い（○）

❸ 次の文から形容詞を七つさがして、形を変《か》えず書きましょう。

> あなたは、冬の星ざを見たことがありますか。
> 寒い冬、夜空に光る星は、とても美しいものです。代表的《だいひょうてき》な星ざには、オリオンざがあります。赤いベテルギウスと、青白いリゲルを見つければよいのです。オリオンざのすぐ下に、特《とく》に光る星があるでしょう。
> それはシリウスといって、夜空で一番明るい星（一等星）です。この星も青く光りかがやいています。

①（寒い）②（美しい）③（赤い）④（青白い）

⑤（よい）⑥（明るい）⑦（青く）

形容詞（ようすことば）②

名前　　月　日

形容詞《けいようし》は、いろいろな形に変《か》えて使います。
ア 大きい　イ 大きかろう　ウ 大きかった
エ 大きくなる　オ 大きいとき　カ 大きければ

1 次の言葉を、右のような形になるように文字を書きましょう。

① ア 白い
イ 白[かろう]
ウ 白[かった]
エ 白[くなる]
オ 白[いとき]
カ 白[ければ]

② ア 新しい
イ 新[しかろう]
ウ 新[しかった]
エ 新[しくなる]
オ 新[しいとき]
カ 新[しければ]

③ ア 明るい
イ 明[るかろう]
ウ 明[るかった]
エ 明[るくなる]
オ 明[るいとき]
カ 明[るければ]

2 次の形容詞を、例《れい》のように動詞《どうし》に変えて書きましょう。

〈例〉
強い・強まる
・強める
・強がる

うれしい
・うれしがる

① 広い→（広まる）（広める）（広がる）
② 早い→（早まる）（早める）
③ 温かい→（温まる）（温める）
④ さみしい→（さみしがる）

3 次の文を読んで、□に入る言葉を[ ]から選《えら》んで、記号を書きましょう。

わたしたちの町には、しょうゆ工場が[イ]。先週、学級でたずねてみた。まいごになるくらい[カ]。こんなに工場が[ア]、きっと毎日たくさん作れるんだろうなと思った。入り口で少ししょうゆのかおりがしていたが、中に入るともっと[ク]。中はとても[ウ]で、機械《きかい》は三木先生よりもずっと[オ]。できたてを味見させてもらったら、すごく[キ]。来れなかった矢田さんはきっと[エ]だろうな。

ア 広かったら　イ 多い　ウ きれい　エ くやしい　オ 大きい
カ 広かった　キ おいしかった　ク 強かった

形容動詞

名前　　月　日

「静かだ」「きれいだ」「おだやかだ」「ふしぎだ」など、物や事がらの性質《せいしつ》や状態《じょうたい》を表す言葉を、形容動詞《けいようどうし》といいます。言い切りの形が「～だ」で終わります。
また形容動詞は、いろいろな形にかえて使います。
ア ふしぎだろう　イ ふしぎだった　ウ ふしぎである　エ ふしぎになる
オ ふしぎだ　カ ふしぎなとき　キ ふしぎならば

1 次の文の中から、形容動詞をさがして線を引きましょう。

家のまどから、大きな月が見えました。「とてもきれいだ。」とわたしが言うと、お母さんが「本当。昨日《きのう》もきれいだったわ。今は一年で一番お月さまがきれいな季節《きせつ》だから、お月見をするのよ。明日《あす》は十五夜だから、明日もきれいだろうね。」と教えてくれました。わたしは「そんなにきれいならば、明日お月見をしようよ。」と言いました。

2 次の——の言葉が、形容動詞の文を選《えら》んで○をつけましょう。

① あのジェットコースターは、こわい。（　）
② 犬の名前は、リプリーだ。（　）
③ 友だちと話していると、とてもゆかいだ。（○）

3 次の文に合う形容動詞を[ ]から選んで、記号を書きましょう。

① 三組の小川さんは、[イ]アイドルににていると思う。
② うちゅうでくらせるようになるのももう[ア]。
③ 落とし物をとどけたら、「とても[カ]子だね。」とほめられた。
④ ヤマメという川魚は、水が[ウ]川にしかすまないそうだ。
⑤ 今日は運動会なので、運動場は[オ]。
⑥ お父さんが日曜大工で作ったイスは、足が[エ]。

ア 間近だ　イ 有名な　ウ 清《きよ》らかな　エ がたがただ　オ にぎやかだ　カ 正直な

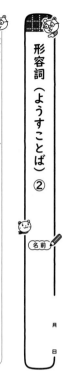

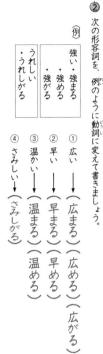

〔P.42-P.43〕

副詞（かざりことば）

名前　　　　月　　日

「ごはんをゆっくり食べた」「あの人はずいぶんゆかいな人だ」など、語形変化《ごけいへんか》なく、ようすや程度《ていど》などをくわしくする言葉を、副詞《ふくし》（かざり言葉）といいます。

① 次の文の中から、副詞をさがして線を引きましょう。

① 今日《きょう》はたぶん雨がふる。
② 今年の冬はたいそう雪がふった。
③ すぐ行くから待っていてね。
④ あなたはゆっくり歩けませんか。
⑤ きっと君が好きなのだ。
⑥ 必《かなら》ず正しいことは勝つのだ。
⑦ 君の言う事はいつも正しい。
⑧ しばらくどこかへ行って来ます。
⑨ およそ三キロほどの道のりだ。
⑩ そこをはっきり言いなさい。

② 次の文の中から副詞を四つさがして、書きましょう。

> 明日《あす》は、楽しい遠足です。今夜は空にきれいに星が出ています。明日は、きっと晴れるでしょう。
> ぼくは、明日は友だちと思い切りゆかいに遊ぼうと思っています。もし、雨がふったらと少し心配です。

①（きっと）②（思い切り）③（もし）④（少し）

③ 次の文の（　）にあてはまる言葉を□から選《えら》んで書きましょう。

① たからくじが当たるなんて（まるで）ゆめのようだ。
② 暗くなったと思ったら（たちまち）雨がふってきた。
③ 夜空に星が（きらきら）かがやいている。
④ 昨日《きのう》から（ずっと）雪がふっている。

きらきら　ずっと　たちまち　まるで

〔P.44-P.45〕

名詞（なまえことば）①

名前　　　　月　　日

「先生」「友達《ともだち》」「メダカ」「学校」「つくえ」人、もの、場所など、物事の名前を表す言葉を名詞《めいし》といいます。

① 次の言葉の中から名詞を選《えら》んで、〇をつけましょう。

（〇）カバン　（〇）ゲーム　（　）「ええっ！」　（〇）空　（〇）目
（　）走った　（　）光る　（〇）光　（　）美しい　（〇）空気

名詞には、人名や地名など特別《とくべつ》なものを表す名詞や、名前の代わりに表す名詞、数を表す名詞があります。

ア　人名や地名を表す　・山口さん　・山口小学校　・山口県
イ　名前の代わりに表す　・ぼく　・あなた　・わたし　・かれ
ウ　数を表す　・五　・三つ　・十人　・百こ　・千本

② 次の文の中から名詞をさがして、形を変《か》えずに書きましょう。

> 谷町小学校の四年生はヘチマの観察《かんさつ》をしています。六月の二十日、気温は三十度でした。木村さんは、小さな黄色い花を見つけました。よく見ると、つぼみもいっぱいありました。かの女は、みんなにそのことを知らせました。

①（谷町小学校）②（四年生）③（ヘチマ）④（観察）⑤（六月）
⑥（二十日）⑦（気温）⑧（三十度）⑨（木村さん）⑩（花）
⑪（つぼみ）⑫（かの女）⑬（みんな）⑭（こと）

名詞には、動詞《どうし》や形容詞《けいようし》から形が変わったものがあります。

（動詞）		（名詞）	（形容詞）		（名詞）
わらう	→	わらい	白い	→	白さ
おどる	→	おどり	美しい	→	美しさ

③ 次の言葉を、右のように形を変えて書きましょう。

① 流れる→（流れ）　② 深い→（深さ）（深み）　③ 読む→（読み）

名　詞（なまえことば）②

名前　　月　　日

1 次の言葉を二つ（動詞《どうし》と名詞《めいし》）に分けて書きましょう。

〈例《れい》〉焼《や》きそば → 焼く ＋ そば

(1)
① 飲み水 → 飲む ＋ 水
② 植木 → 植える ＋ 木
③ 入り口 → 入る ＋ 口
④ 急ぎ足 → 急ぐ ＋ 足

(2)
① やり投げ → やり ＋ 投げる
② いもほり → いも ＋ ほる
③ 草かり → 草 ＋ かる
④ ふとんたたき → ふとん ＋ たたく

(3)
① ふりかけ → ふる ＋ かける
② 行き止まり → 行く ＋ 止まる
③ 思い出 → 思う ＋ 出す
④ 食べかけ → 食べる ＋ かける

2 次の二つの言葉を合わせて、一つの名詞を作りましょう。

① にぎる ＋ 飯《めし》 → にぎり飯
② ねる ＋ 息 → ね息
③ 笛 ＋ ふく → 笛ふき
④ 本 ＋ 読む → 本読み
⑤ 受ける ＋ 付《つ》ける → 受(け)付(け)
⑥ 組む ＋ 合わせる → 組み合わせ
⑦ 折《お》る ＋ 紙 → 折り紙
⑧ 気 ＋ 晴らす → 気晴らし
⑨ にらむ ＋ 合う → にらみ合い
⑩ 食べる ＋ すぎる → 食べすぎ

3 次の言葉を、例のように名詞の形に変《か》えて書きましょう。

〈例〉早い → 早さ　走る → 走り

① はずかしい → はずかしさ
② うまい → うまさ
③ 新しい → 新しさ
④ 通る → 通り
⑤ 晴れる → 晴れ
⑥ おくれる → おくれ

ことばの種類 ①

名前　　月　　日

1 次の言葉で、名詞《めいし》には「め」、動詞《どうし》には「ど」、形容詞《けいようし》には「け」、形容動詞《けいようどうし》には「けど」を□に入れましょう。

〈例〉
名詞 ……… つくえ、笑《わら》い、美しさ
動詞 ……… のぼる、晴れる、いる
形容詞 …… 青い、はげしい、強い
形容動詞 … きれいだ、おだやかだ

① 小さい　け
② 少年　め
③ りっぱだ　けど
④ 食べる　ど
⑤ 美しい　け
⑥ コップ　め
⑦ のどかだ　けど
⑧ のどかさ　め
⑨ さわぐ　ど
⑩ さわぎ　め
⑪ 青い　け
⑫ 青さ　め
⑬ にぎやかだ　けど
⑭ にぎやかさ　め
⑮ にくらしい　け
⑯ 考える　ど
⑰ 考え　め
⑱ におい　め
⑲ におう　ど
⑳ いそがしい　け
㉑ いそがしさ　め
㉒ ロケット　め
㉓ 山田さん　め
㉔ 流れる　ど
㉕ 流れ　め
㉖ する　ど
㉗ ある　ど
㉘ ない　け
㉙ どんぐり　め
㉚ ねむる　ど

ことばの種類 ②

名前　　　　　　　　月　　日

次の言葉の中から、種類《しゅるい》のちがうものを選《えら》んで、記号を書きましょう。

① ア 子ども　イ 太一《たいち》　ウ とかげ　エ 麦　オ 丸い　［オ］
② ア 飛《と》ぶ　イ 太る　ウ 見る　エ ねむい　オ 歌う　［エ］
③ ア 赤い　イ くわしい　ウ 全然《ぜんぜん》　エ いたい　オ 悪い　［ウ］
④ ア ゆっくり　イ さらさら　ウ 少し　エ いつも　オ 遠い　［オ］
⑤ ア どんどん　イ わんわん　ウ にこにこ　エ じろじろ　オ すっかり　［オ］
⑥ ア 海　イ 南　ウ 上　エ 左　オ 西　［ア］
⑦ ア ぼく　イ わたし　ウ きみ　エ 人　オ かれ　［エ］
⑧ ア ふえる　イ なげく　ウ 借《か》りる　エ 好《この》む　オ 泳ぎ　［オ］
⑨ ア 重さ　イ 悲しむ　ウ 静《しず》けさ　エ 美しさ　オ 高さ　［イ］
⑩ ア まぶしい　イ たくさん　ウ ずいぶん　エ しっかり　オ じっくり　［ア］

感動詞（感動のことば）

名前　　　　　　　　月　　日

話し手の気持ちなどを表す言葉を、感動詞《かんどうし》といいます。

ア 感動「ああ！」　イ よびかけ「おうい！」
ウ 受け答え「はい」　エ あいさつ「こんにちは」
オ さけび「うわっ」　カ かけ声「どっこいしょ」

1 次の——線の感動詞が表すものを［　］から選《えら》んで、記号で書きましょう。

① きゃあ、ヘビだわ。［オ］
② うん、わかった。［ウ］
③ では、ごきげんよう。［エ］
④ ねえ、遊ぼうよ。［イ］
⑤ よいしょ、とすわる。［カ］
⑥ おお、かわいそうに。［ア］

［ア 感動　イ よびかけ　ウ うけこたえ　エ あいさつ　オ さけび　カ かけ声］

2 次の文に合う感動詞を［　］から選んで、□に書きましょう。二回くり返して使います。

① ［さあさあ］、安いよ、安いよ。
② ［どれどれ］、ぼくが見てあげよう。
③ ［おやおや］、どうしたのかな。
④ ［こらこら］、だめじゃないか。
⑤ ［まあまあ］、そうおこらないで。
⑥ ［やれやれ］、やっと宿題が終わった。
⑦ ［もしもし］、田中さんのおたくですか。

［こら　まあ　さあ　どれ　おや　もし　やれ］

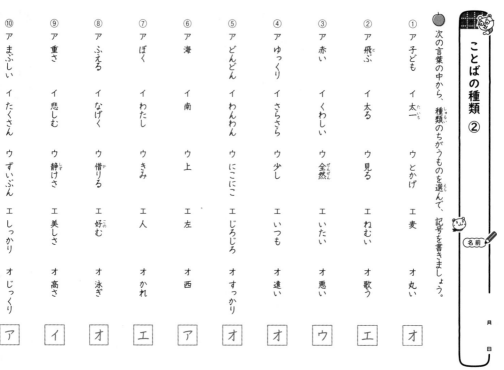

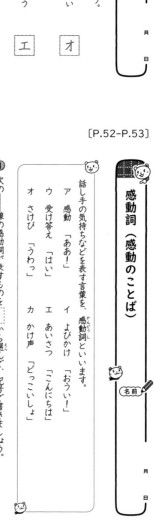

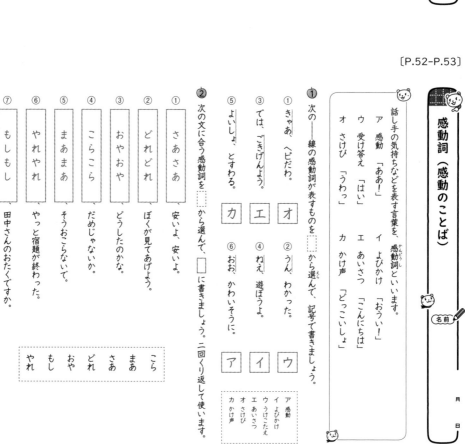

ことばのまとめ ①

名前　　月　日

1 次の文に合う助詞《じょし》を、[　]から選《えら》んで、書きましょう。

① 犬 [が] 走ってくる。
② 本 [を] 読む。
③ 海 [に] 船がうかんでいる。
④ えんぴつ [で] 字を書く。
⑤ 弟 [と] けんかをした。
⑥ 学校 [へ] 行きます。
⑦ 辞典《じてん》 [の] ひき方を教える。
⑧ 駅 [まで] 早く行こう。
⑨ ミキは、カオリ [より] せが高い。
⑩ 風は南 [から] ふいてくる。

より　で　に　の　を　へ　から　と　が　まで

がんばってね！

2 次の漢字の正しい送りがなを書きましょう。

① 加《くわわる》（わる）　② 果《はたす》（たす）　③ 勇《いさむ》（む）
④ 建《たてる》（てる）　⑤ 覚《おぼえる》（える）　⑥ 参《まいる》（る）
⑦ 残《のこる》（る）　⑧ 辺《あたり》（り）　⑨ 省《はぶく》（く）
⑩ 浴《あびる》（びる）　⑪ 養《やしなう》（う）　⑫ 固《かたまる》（まる）
⑬ 連《つらなる》（なる）　⑭ 治《おさめる》（める）　⑮ 挙《あげる》（げる）
⑯ 好《このむ》（む）　⑰ 最《もっとも》（も）　⑱ 初《はじめて》（めて）
⑲ 量《はかる》（る）

ことばのまとめ ②

名前　　月　日

1 次の慣用句《かんようく》の意味で正しいものを、線で結《むす》びましょう。

(1)
① あいづちを打つ ― 相手の話にうなずいてさん成《せい》すること
② うわの空 ― 気になることがあって集中できないこと
③ はばをきかせる ― 思いのままにえらそうにふるまうこと
④ へそを曲げる ― きげんを悪くすること
⑤ ぬけ目がない ― ゆだんやすきのないこと

(2)
① さじを投げる ― あきらめて、やめてしまうこと
② 水のあわ ― せっかくの努力《どりょく》がむだになること
③ かたずをのむ ― 息をころして、様子を見つめること
④ 念《ねん》をおす ― 十分にたしかめること
⑤ 大目に見る ― まちがいを、とがめずにゆるすこと

2 次のように読む漢字を書きましょう。

① あげる
たなに [上] げる
手を [挙] げる

② あたり
その [辺] り
くじの [当] たり

③ しょうか
火事の [消火]
食べ物を [消化] する

④ てんこう
[天候] が悪い
[転校] 生

⑤ はっせい
スモッグが [発生] した
歌の [発声]

⑥ かこう
火山の [火口] を見る
魚の [加工] 品

⑦ あつ
[暑] い夏
[熱] いふろ

⑧ かいてん
[回転] ドア
[開店] 祝い

⑨ じてん
国語 [辞典]
[自転] 車

文の組み立て（主語・述語）①

名前　　月　　日

主語は、「何が（は）」「だれが」「〜も」に当たる言葉です。

1 次の——線の述語《じゅつご》に対する主語を書きましょう。

① 馬が　とても　速く　走りぬけた。（馬が）

② 夕日は　とても　赤い。（夕日は）

③ 梅《うめ》もさくらも　春の終わりに　実をつける。（梅もさくらも）

④ 夏になると　兄は　毎年　山へ　行っている。（兄は）

述語は、「どうする」「何だ」「どんなだ」に当たる言葉です。

2 次の——線の主語に対する述語を書きましょう。

① 姉は　中学校に　通っている。（通っている）

② 昨日《きのう》　図書館で　ぼくは　本を　借《か》りました。（借りました）

③ さくらの　花びらが　たくさん　落ちている。（落ちている）

④ ほんとうに　やさしいよ、　ぼくの　兄さんは。（やさしいよ）

3 次の文の主語と述語を書きましょう。

① カラスが　種《たね》を　ほじくった。
主語（カラスが）　述語（ほじくった）

② 野球場で　試合《しあい》が　始まった。
主語（試合が）　述語（始まった）

③ 特急《とっきゅう》電車が　ものすごい　スピードで　進んできた。
主語（特急電車が）　述語（進んできた）

④ 今朝《けさ》、　朝顔が　三つ　さいた。
主語（朝顔が）　述語（さいた）

⑤ 海には　多くの　船が　行き来している。
主語（船が）　述語（行き来している）

⑥ 車が　通りすぎても　父は　その場から　動かなかった。
主語（父は）　述語（動かなかった）

文の組み立て（主語・述語）②

名前　　月　　日

1 次の文の主語と述語《じゅつご》を書きましょう。主語がないときは×をつけましょう。

① かわいい小鳥が、にぎやかに　さえずる。
主語（小鳥が）　述語（さえずる）

② 早く家を出ないと、ちこくする。
主語（×）　述語（ちこくする）

③ 昨日《きのう》に続《つづ》いて、今日《きょう》もとても寒かった。
主語（今日も）　述語（寒かった）

④ 仲《なか》の良《よ》い友達《ともだち》と、いっしょに海で泳いだ。
主語（×）　述語（泳いだ）

⑤ いとこのお父さんは、四月からイギリスへ行くそうだ。
主語（お父さんは）　述語（行くそうだ）

⑥ あなたの赤えんぴつをぼくにくれませんか。
主語（×）　述語（くれませんか）

2 次の文を、例《れい》のように分け、その中から主語と述語を書きましょう。

〈例〉兄は四月から高校生だ。↓（兄は）（四月から）（高校生だ）
主語（兄は）　述語（高校生だ）

① 地しんは、間もなくおさまった。
（地しんは）（間もなく）（おさまった）
主語（地しんは）　述語（おさまった）

② 花だんにまいた花の種《たね》から、芽《め》が出てきたよ。
（花だんに）（まいた）（花の）（種から）（芽が）（出てきたよ）
主語（芽が）　述語（出てきたよ）

③ 遠くの山は、昨日の雪で真っ白になっている。
（遠くの）（山は）（昨日の）（雪で）（真っ白に）（なっている）
主語（山は）　述語（なっている）

④ あの先生は、いつもやさしく、子どもに話しかける。
（あの）（先生は）（いつも）（やさしく）（子どもに）（話しかける）
主語（先生は）　述語（話しかける）

文の組み立て（修飾語）①

名前　　　　月　　日

❶ 次の――線の修飾語《しゅうしょくご》が表すものを□から選《えら》んで、記号を書きましょう。

① 姉は、台所で　料理《りょうり》を　しています。（イ）（エ）
② 夜には、デパートから　大きな　荷物が　とどきます。（ア）（ウ）
③ 弟は、校庭で　うれしそうに　遊んでいた。（イ）（オ）
④ 昨日《きのう》は　雪が　しんしんと　ふり、辺《あた》りは　雪景色《ゆきげしき》に　なった。（ア）（オ）
⑤ 先生の　話に、ぼくは　思い切り　笑《わら》った。（オ）

ア　いつ
イ　どこで
ウ　どんな
エ　何を
オ　どのように

❷ 次の――線の修飾語がくわしくしている言葉をさがして、書きましょう。

① 赤い　ぼうしの　女の子は、私の　妹です。（ぼうし）
② たまねぎを　細かく　きざんだ。（きざんだ）
③ おやつは　母の　作った　イチゴケーキだ。（イチゴケーキ）
④ ベルの　大きな　音が　運動場に　ひびいた。（音）
⑤ たぶん　足の　おそい　兄は　いやと　言うだろう。（言うだろう）

❸ 次の文に合う言葉を□から選んで、記号を書きましょう。

① そんなこと、（ア）知らなかった。
② 体育の時間には（カ）ぼうしをかぶります。
③ （ウ）入道雲が（オ）たちのぼっている。
④ （エ）赤ちゃんが（ク）ねている。
⑤ （イ）お寺のかねが（キ）鳴った。

ア　まったく　　イ　とつぜん
ウ　白い　　エ　かわいい
オ　むくむくと　　カ　赤・白の
キ　ゴーンと　　ク　すやすやと

文の組み立て（修飾語）②

名前　　　　月　　日

❶ 次の――線の言葉をくわしくしている言葉をさがして、書きましょう。

① 赤ちゃんは、おいしそうに飲んだ。（おいしそうに）
② 赤い金魚は、すいすいと泳いでいた。（すいすいと）
③ にやりと小さな女の子は笑《わら》った。（にやりと）
④ 空が暗くなると、急に雨がふりだした。（急に）
⑤ ぼくは、昨日《きのう》動物園に行った。（きのう）（動物園に）
⑥ かわいい犬が、じっとぼくを見ている。（じっと）（ぼくを）

❷ 次の文を主語、述語《じゅつご》、修飾語《しゅうしょくご》に分けて書きましょう。

① ぼくは、三時に家でおやつのケーキを食べました。

（ぼく）は → （食べ）ました。
（三時）に →
（家）で →
（おやつ）の → （ケーキ）を →

② 友達《ともだち》の大山さんが、病気で、一週間、学校を休んだ。

（友達の）→ 大山さんが → （休んだ）
（病気で）→
（学校を）→
一週間 →

③ 青く晴れわたった空に、白い雲がうかんでいる。

（白い）→ 雲が → （うかんでいる）
（青く）→（晴れわたった）→（空に）→

こそあど言葉 ①

名前　　月　日

❶ 次の文に合う言葉を[　]から選《えら》んで、書きましょう。

① ここにある（　この　）のこぎりを使ってごらん。
② 向こうに見える（　あの　）家まで歩きなさい。
③ あそこで泣《な》いているのは（　どこ　）のクラスの子ですか。
④ あなたのそばにある（　その　）花はとてもきれいだ。
⑤ 図書館にある本は（　どの　）本もおもしろそうだ。
⑥ 町の西に、赤い橋があります。（　そこ　）に近づくと高い木が見えます。

そこ　どの　この　その　あの　どこ

きっとできるよ！

❷ 次の表を見て、あてはまる言葉を書きましょう。

	もの	場所	方向	ようす	指ししめす
話し手に近い	これ	① ここ	② こちら	③ こんな	この
聞き手に近い	④ それ	そこ	⑤ そちら	⑥ そんな	⑦ その
どちらにも遠い	⑧ あれ	⑨ あそこ	あちら	⑩ あんな	⑪ あの
はっきりわからない	⑫ どれ	⑬ どこ	⑭ どちら	どんな	⑮ どの

こそあど言葉 ②

名前　　月　日

❶ 次の文に合う言葉を[　]から選《えら》んで、記号を書きましょう。

① 花が「わたし」の近くにあるときの言い方。（　エ　）
② 花が相手の近くにあるときの言い方。（　ウ　）
③ 花が「わたし」から遠くにあるときの言い方。（　イ　）
④ 「わたし」の花がわからないときの言い方。（　ア　）

ア　どれがわたしの花ですか。　イ　あれはわたしの花です。
ウ　それはわたしの花です。　エ　これはわたしの花です。

❷ 次の――線の言葉が指している言葉を書きましょう。

〈例〉昨日《きのう》、新しい本を買った。今日《きょう》は、それを持って来た。（新しい本）

① 北国は雪が多い。ここでは、スキーが生活に欠《か》かせない。（　北国　）
② 向こうに高い木が見える。あれがゴールだ。（　高い木　）
③ 太一さんは、お母さんにこう言った。「おこづかいふやしてよ。」（　「おこづかいふやしてよ。」　）
④ 駅前にはふん水があります。そこはいつも人でいっぱいだ。（　ふん水　）
⑤ 向こうに明かりが見えた。男はその方へ、全力で走って行った。（　明かり　）
⑥ 以前《いぜん》は、お兄さんとよく野球をした。それが今でも思い出に残《のこ》っている。（お兄さんとよく野球をした こと）
⑦ 五月にも同じ山に登った。そのときは、とても天気が良《よ》かった。（五月にも同じ山に登った とき）

つなぎ言葉 ①

名前　　　　月　　日

❶ 次の文に合うつなぎ言葉を、[ ]から選《えら》んで、書きましょう。

① ドアをたたいた。（すると）ドアが中から開いた。

② 熱《ねつ》が出た。（だから）学校を休んだ。

③ 明日《あす》は、晴れるかな。（それとも）雨かな。

④ わたしの好物《こうぶつ》は、バナナ、ピザ、（それに）おすしです。

⑤ 君は、体育がとく意だ。（そのうえ）絵も上手《じょうず》だ。

⑥ 夏はいつも暑い。（しかし）今年の夏はすずしかった。

しかし　それとも　だから　それに　すると　そのうえ

ちょっとむずかしいぞ！
できるかな！?

❷ 次の二つの文をつなぐ言葉として、正しい方を選んで、○をつけましょう。

① ・とてもねむかった
・休まなかった。
（○）しかし　（　）だから

② ・今日《きょう》は雨だった
・外へ出なかった。
（　）すなわち　（○）それで

③ ・必死《ひっし》に走った
・電車に乗りおくれた。
（○）それでも　（　）すると

④ ・風が強くなってきた
・雨もふってきた。
（○）そのうえ　（　）そこで

⑤ ・コーヒーにしますか
・お茶にしますか。
（　）つまり　（○）それとも

⑥ ・明日は遠足です
・早くねましょう。
（　）ところで　（○）だから

⑦ ・ゲームを買ってもらった
・一番高いものだ。
（　）やっぱり　（○）しかも

つなぎ言葉 ②

名前　　　　月　　日

❶ 次のつなぎ言葉と同じはたらきをするものを選《えら》んで、線で結《むす》びましょう。

① けれども ― でも・ところが
② そのうえ ― しかも・また
③ ですから ― それで・だから
④ または ― それとも・あるいは
⑤ さて ― では・ところで
⑥ たとえば ― つまり・ようするに

❷ 次の二つの文が同じ意味になるように、[ ]から言葉を選んで、書きましょう。（二回使うものもあります）

① きのうは、雨がふった。（しかし）大雨ではなかった。
きのうは、雨がふった（のに）、大雨ではなかった。

② きのうは、雨がふった。（それに）風もふいた。
きのうは、雨がふった（し）、風もふいた。

③ きっと母さんがむかえにくる。（それで）かさは借《か》りなくてもよい。
きっと母さんがむかえにくる（ので）、かさは借りなくてもよい。

④ 君は知っていた。（しかし）教えてくれなかったね。
君は知っていた（のに）教えてくれなかったね。

ので　のに　し

これができれば
パーフェクト！

省略文・倒置文

名前　　月　　日

前後の関係やその場のようすから、主語《しゅご》や述語《じゅつご》が省略《しょうりゃく》されても（省《はぶ》かれても）意味のわかる文を、省略文といいます。

〈例〉「お母さんは、出かけたの。」「（お母さんは）出かけたよ。」

1 次の□の文で　省略されている言葉を選《えら》んで、線で結《むす》びましょう。

①「あなたの名前は何といいますか。」「橋口《はしぐち》ともみです。」　―　わたしの名前は

②「君の妹は四年生でしたね。」「はい、四年生です」　―　ぼくの妹は

③「リレーで一等だったのは何組だったの。」「二組。」　―　が一等でした。

④「時計《とけい》をこわしたでしょう。」　―　あなたは

⑤「ぼくではありません。」　―　時計をこわしたのは

文の一部を入れかえて意味を強める文を、倒置文《とうちぶん》といいます。

〈例〉「この夏ミカンは、おいしいよ。」
「おいしいよ、この夏ミカンは。」

2 次の文は倒置文です。文を入れかえて、ふつうの文にしましょう。

①「こんなに大きかったんだね、ジンベイザメって。」
（ジンベイザメって、こんなに大きかったんだね。）

②「この川には魚がいたのよ、お母さんが子どものころは。」
（お母さんが子どものころは、この川には魚がいたのよ。）

③「光さえもにげられないのです、ブラックホールでは。」
（ブラックホールでは、光さえもにげられないのです。）

④「たしかにこの辺《あた》りだったんだけどなあ、かぎを落としたのは。」
（かぎを落としたのは、たしかにこの辺りだったんだけどなあ。）

ならべかえ

名前　　月　　日

次の文を見て、問いに答えましょう。

(1) 文をならべかえて、正しい文章になるように番号を書きましょう。

（1）ぼくは、日曜日に弟と「あけぼの商店街《しょうてんがい》」へ買い物に行きました。

（4）「スーパーマーケットなら、こんなに回らずにすんだのに。」と思いました。

（2）お母さんからわたされたメモを見ながら、いくつかの店を回ります。

（6）「商店街の方が、種類《しゅるい》が多いし、新せんなものがあることも多いのよ。」

（3）パン屋さんの前を通ったのに、メモを見て、またもどったりしました。

（5）家に帰ってから、お母さんにそのことを話してみました。

（7）「そうなのか。でもぼくはスーパーマーケットの方が便利《べんり》だな」と思いました。

（8）次の日、学校で「自分の家の買い物調べ」をしようと発言しました。

(2) (1)の文の内ようをまとめているものを選《えら》んで、○をつけましょう。

（　）商店街をもっと利用《りよう》しようと思ったお話。

（　）スーパーマーケットをもっと利用しようと思ったお話。

（○）商店街やスーパーマーケットがどんなふうに利用されているか、「買い物調べ」をしようと思ったお話。

(3) 文に題名をつけるなら、どれがよいですか。○をつけましょう。

（　）弟との買い物　　（　）あけぼの商店街

（○）便利なスーパーマーケット　　（　）「買い物調べ」をするまで

(4) (1)の文のそのこととはどんなことですか。○をつけましょう。

（　）弟とあけぼの商店街へ買い物に行ったこと

（○）スーパーマーケットなら多くの店を回らずにすんだこと

（　）自分の家の買い物調べをしようと発言したこと

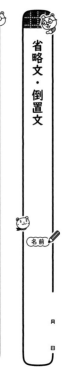

改行

名前　　月　　日

文章のまとまりの意味が変《か》わるときや、会話文のときなどに改行《かいぎょう》（行がえ）することで読みやすくなります。読み手にも文章の意味がよく伝《つた》わります。

〈例《れい》〉その人は、お父さんによくにていた。「お父さん！」と声をかけた。ふり向いた人は、全然《ぜんぜん》ちがう男の人だった。

←

その人は、お父さんによくにていた。
「お父さん！」
と声をかけた。ふり向いた人は、全然ちがう男の人だった。

● 次の文を見て、改行をした方が良《よ》い文の番号を選《えら》んで（　）に書きましょう。

(1)
①クラスのグループでお寺をさがすことになった。②たばこ屋さんのお兄さんに聞いてみた。③「ええっ！　お寺なんて行ったことないなあ。」④今度はパン屋さんに聞いてみたけど、やっぱり知らないそうだ。

（③）（④）

(2)
①わたしは、さくらんぼについて調べてみました。②すると、山形県《やまがたけん》が有名な産《さん》地《ち》でした。③しゅうかくされるのは、六月の初《はじ》めから七月の中ごろにかけてだそうです。④ほかに山形県の名産について調べてみることにしました。⑤ラ・フランスという洋ナシもたくさん作っているそうです。⑥お母さんが、⑦「ラ・フランスをいただいたの。変《か》わった形だけど、とてもおいしいから食べてごらん。」⑧と言っていたことがあります。

（②）（④）（⑦）（⑧）

(3)
①だれでもかんたんに作れる、とてもかわいいぬののバッグの作り方をしょうかいしましょう。②まず、用意するものは、表用のぬのと、うらに使うぬの、持ち手二本、ボタン一こ。③手芸屋《しゅげいや》さんで全部買うことができます。④次に作り方です。⑤図のような八つの順番《じゅんばん》に分かれます。⑥むずかしそうと思った人もだいじょうぶです。⑦来週はマフラーをしょうかいします。

（②）（④）（⑦）

段落

名前　　月　　日

1 次の文を読んで、後の問いに答えましょう。

田んぼへ行ってタニシをひろい、細いタコ糸を五十センチくらいに切って、竹のぼうの先にくくりつけた。アキラもサトシもさそってテナガエビとりに行くのだ。
アキラの家に行ったら、すぐに出てきた。二人でサトシの家に行った。出てこない。二人で顔を見合わせて、首をかしげた。
そういえば二日前のこと―。サトシが大きなカバンを持っていたのを見た。

① 文は、いくつの段落《だんらく》に分けられますか。

（三）つ

② 二つ目の段落の始めの五文字を書きましょう。

アキラの家

2 次の文を読んで、後の問いに答えましょう。

春になると、たんぽぽなどの花がさいたり、モンシロチョウが飛《と》んでいたりするのをよく見かけますね。これは、冬よりも気温が高くなってあたたかくなると、さまざまな植物や生き物が活動を始めるからです。

そこで、ヘチマを育てて実さいに季節《きせつ》のうつり変《か》わりを観察《かんさつ》していきましょう。

①ヘチマの種《たね》をまき、育てる。②係を決めて、ヘチマの成長《せいちょう》のようすを観察して記録《きろく》する。③気温をはかって記録し、ヘチマの成長とあたたかさの関係《かんけい》を調べる。

こん虫についても調べてみましょう。

① 文を段落（まとまり）に分けます。
それぞれの段落の内ように合うように□に言葉を書きましょう。

ア 春の 植物 や生き物　イ ヘチマ の観察　ウ こん虫 の観察

② 一つ目から三つ目の段落のはじめの五文字を書きましょう。

1 春になると　2 そこで、へ　3 こん虫につ

③ 文に題名をつけるなら、どれがよいですか。記号を書きましょう。

ア 春　イ 気温と生き物の関係　ウ ヘチマの観察

（イ）

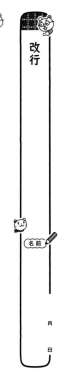

段落の関係

名前　　月　　日

1 次の文に合う言葉を[ ]から選《えら》んで、記号を書きましょう。

① 説明文《せつめいぶん》を読むときには、（キ）に気をつけて、その部分の（カ）は何かを考え、文章全体の（オ）を読み取ることが大事です。

② 説明文では、（イ）が一番中心にして書いているのはどの部分か、また、（ア）の段落《だんらく》は、（ウ）の方のどの部分と（エ）があるかについて、考えてみることが大切です。

ア はじめ　イ 筆者　ウ 結び《むす》　エ 関係《かんけい》　オ 組み立て　カ 要点《ようてん》　キ 段落

2 次の文を読んで後の問いに答えましょう。

① 草むらから飛《と》び立ったバッタをつかまえようと、バッタのおりた所に行ってみても、もう見つからない、こんなけい験《けん》は、よくあります。これは、バッタの色が、草の色によくにているからです。動物は、このように、身を守るための自然《しぜん》の仕組みをもっています。

② アブラナやダイコンの葉にいるアオムシは、モンシロチョウのよう虫です。アオムシも、バッタと同じように葉の色ににた緑色をしています。

③ ライチョウは、冬、辺《あた》りが雪にうずまっているころは、羽や毛が真っ白です。ところが春になって雪がとけると、地面の色ににた茶色でまだらの羽になります。

④ シャクトリムシは、かれえだににていたり、コノハチョウが木の葉にそっくりだったりします。

(1) この文の組み立てで、正しいものを選んで、○をつけましょう。

ア（○）
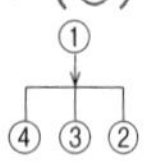

イ（　）
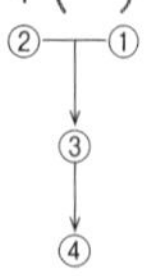

ウ（　）
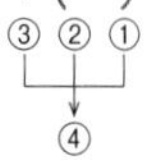

(2) 文に題名をつけるなら、どれがよいですか。記号を書きましょう。

ア おもしろい形　イ 身を守る色　ウ 動物の形

（イ）

国語辞典の使い方 ①

名前　　月　　日

1 国語辞典《こくごじてん》で言葉を調べると、次の意味がありました。それぞれにふさわしい意味を[ ]から選《えら》んで、記号を書きましょう。

(1)「みる」

① つらいめをみる。（エ）　② 妹の勉強をみる。（イ）

③ 少し飲んでみる。（ア）　④ 手相をみる。（ウ）

ア ためす　イ 世話をする　ウ 調べる　エ 経験《けいけん》する

(2)「重い」

① 重い荷物を持つ。（イ）　② 重い病気にかかる。（ア）

③ 気が重くなる。（ウ）　④ 注意を重く受け止める。（エ）

ア 程度《ていど》が大きい　イ 目方が多い　ウ はればれしない　エ 重大に

いろんな意味があるね！

2 次の言葉を国語辞典で調べたとき、出てくる順番《じゅんばん》を書きましょう。

① しか（3）　あひる（1）　たぬき（4）　きつね（2）

② やしき（1）　やなぎ（2）　やり（4）　やもり（3）

③ あまどい（4）　あまぐも（1）　あまざけ（2）　あまだれ（3）

国語辞典は、言葉は五十音順《じゅん》に出てきます。また二字目、三字目も五十音順になっています。

3 次の言葉を調べたとき、出てくる順番を書きましょう。

① ポール（4）　ぼうし（1）　ボール（3）　ホール（2）

② きょうぎ（2）　ぎょうじ（4）　きょう（1）　きょうざい（3）

③ はは（2）　はば（3）　パパ（4）　バス（1）

国語辞典は「からす」は「がらす」の前に出てきます。半だく音で「ぱん」は「ぱん」の前に出てきます。

国語辞典の使い方 ②

名前　　　月　　日

1 国語辞典《じてん》では「選《えら》びました」という言葉を調べるときは、「選ぶ」という言い切りの形で調べます。次の――線の言葉を言い切りの形にして、書きましょう。

① お手紙は、ていねいに書きます。（書く）
② ここでは、静《しず》かに目をとじなさい。（とじる）
③ 家を空けて遊びに行ってはいけない。（空ける）
④ 大声で先生をよんだ。（よぶ）
⑤ 荷物はつくえに置《お》いてください。（置く）
⑥ この本の良《よ》かったところをしょうかいしましょう。（する）

2 次の――線の言葉を、言い切りの形にして書きましょう。

> ジョニーたちは初《はじ》めてその谷を見た①。野ざらしの強風がふきすさんで②、一歩まちがえ③ば谷へまっさかさまという山のちょう点だ。ごつごつした岩はだに、その風に負けない④ように草が生えている。
> 「うわぁ……。」
> だれかがため息のような声をもらした⑤が、ジョニーたちは声をおしころした⑥。足もとは赤茶けたガケで、無数《むすう》に真っ黒なあなが開いている。その間に、はげかかった白い岩でできた家がひしめき⑦、中には教会もある。ここに昔、人びとが住んでいたのだ。
> 雲が一か所切れて、岩でできた教会に光がつきささっていた⑧。

① （見る）　② （ふきすさぶ）　③ （まちがえる）
④ （負ける）　⑤ （もらす）　⑥ （おしころす）
⑦ （ひしめく）　⑧ （つきささる）

漢字辞典の使い方 ①

名前　　　月　　日

1 「遠」という字を調べます。次の場合、どんな調べ方がよいですか、[　]から選《えら》んで、記号を書きましょう。

① あいさんは、「とおい」という読み方しかわかりません。（イ）
② とおるさんは「しんにょう」という部首だと知っています。（ア）
③ ひとみさんは部首も読み方もわかりません。（ウ）

ア 部首引き
イ 音訓《おんくん》引《び》き
ウ 総画《そうかく》引《び》き

2 次の漢字の部首名を[　]から選んで、記号を書きましょう。

① 宿……（カ）　② 熱《ねつ》……（エ）　③ 陽……（ウ）
④ 病……（イ）　⑤ 郡《ぐん》……（オ）　⑥ 練……（ア）

ア いとへん　イ やまいだれ　ウ こざとへん　エ れんが・れっか
オ おおざと　カ うかんむり

3 「管」という漢字を、音訓引きで調べます。あてはまる言葉を書きましょう。

> 「管」は、音読みの（カン）か、訓読みの（くだ）から調べることができます。音読みをもつ漢字は多いので、訓読みから調べることにしました。

4 次の漢字の総画数を調べて書きましょう。

① 陸《りく》……（11）　② 包《つつみ》……（5）　③ 号……（5）
④ 登……（12）　⑤ 脈《みゃく》……（10）　⑥ 女……（3）

漢字辞典の使い方 ②

名前　　月　日

漢字辞典《じてん》では、木（きへん）、竹（たけかんむり）などのように、同じ部首をもつ漢字がひとまとまりになっています。部首は、漢字を引くための見出しになっていて、画数の少ない順《じゅん》にならんでいます。

・国→部首（口）（三画）　・病→部首（疒）（五画）　・顔→部首（頁）（九画）

1 次の漢字の部首と、部首の画数を書きましょう。

① 低《てい》→イ（二画）　② 海→氵（三画）　③ 上→一（一画）

④ 秋→禾（五画）　⑤ 発→癶（五画）　⑥ 宿→宀（三画）

⑦ 点→灬（四画）　⑧ 老《ろう》→耂（四画）　⑨ 開→門（八画）

⑩ 道→辶（三画）　⑪ 電→雨（八画）

2 次の漢字が、漢字辞典に説明《せつめい》されている順番を書きましょう。

(1) ① 満（4）※「水」の部　② 柱（3）　③ 粉（5）　④ 験（6）　⑤ 利（2）　⑥ 下（1）

(2) ① 村（2）　② 林（3）　③ 機（7）　④ 柱（4）　⑤ 標（6）　⑥ 札（1）　⑦ 植（5）

(3) ① 深（4）　② 治（1）　③ 消（3）　④ 漢（6）　⑤ 浅（2）　⑥ 清（5）　⑦ 漁（7）

都道府県の漢字

名前　　月　日

1 ①〜㊼の都道府県名《とどうふけんめい》をなぞりましょう。

① 北海道《ほっかいどう》

② 青森《あおもり》県　③ 岩手《いわて》県　④ 宮城《みやぎ》県　⑤ 秋田《あきた》県　⑥ 山形《やまがた》県　⑦ 福島《ふくしま》県

⑧ 茨城《いばらき》県　⑨ 栃木《とちぎ》県　⑩ 群馬《ぐんま》県　⑪ 埼玉《さいたま》県　⑫ 千葉《ちば》県　⑬ 東京都《とうきょうと》　⑭ 神奈川《かながわ》県

⑮ 新潟《にいがた》県　⑯ 富山《とやま》県　⑰ 石川《いしかわ》県　⑱ 福井《ふくい》県　⑲ 山梨《やまなし》県　⑳ 長野《ながの》県　㉑ 岐阜《ぎふ》県　㉒ 静岡《しずおか》県　㉓ 愛知《あいち》県

㉔ 三重《みえ》県　㉕ 滋賀《しが》県　㉖ 京都府《きょうとふ》　㉗ 大阪府《おおさかふ》　㉘ 兵庫《ひょうご》県　㉙ 奈良《なら》県　㉚ 和歌山《わかやま》県

㉛ 鳥取《とっとり》県　㉜ 島根《しまね》県　㉝ 岡山《おかやま》県　㉞ 広島《ひろしま》県　㉟ 山口《やまぐち》県

㊱ 徳島《とくしま》県　㊲ 香川《かがわ》県　㊳ 愛媛《えひめ》県　㊴ 高知《こうち》県

㊵ 福岡《ふくおか》県　㊶ 佐賀《さが》県　㊷ 長崎《ながさき》県　㊸ 熊本《くまもと》県　㊹ 大分《おおいた》県　㊺ 宮崎《みやざき》県　㊻ 鹿児島《かごしま》県　㊼ 沖縄《おきなわ》県

2 ①〜㊼の都道府県名を書きましょう。

北海道《ほっかいどう》地方

① 北海道《ほっかいどう》

東北《とうほく》地方

② 青森《あおもり》県　③ 岩手《いわて》県　④ 宮城《みやぎ》県　⑤ 秋田《あきた》県　⑥ 山形《やまがた》県　⑦ 福島《ふくしま》県

関東《かんとう》地方

⑧ 茨城《いばらき》県　⑨ 栃木《とちぎ》県　⑩ 群馬《ぐんま》県　⑪ 埼玉《さいたま》県　⑫ 千葉《ちば》県　⑬ 東京都《とうきょうと》　⑭ 神奈川《かながわ》県

中部《ちゅうぶ》地方

⑮ 新潟《にいがた》県　⑯ 富山《とやま》県　⑰ 石川《いしかわ》県　⑱ 福井《ふくい》県　⑲ 山梨《やまなし》県　⑳ 長野《ながの》県　㉑ 岐阜《ぎふ》県　㉒ 静岡《しずおか》県　㉓ 愛知《あいち》県

近畿《きんき》地方

㉔ 三重《みえ》県　㉕ 滋賀《しが》県　㉖ 京都府《きょうとふ》　㉗ 大阪府《おおさかふ》　㉘ 兵庫《ひょうご》県　㉙ 奈良《なら》県　㉚ 和歌山《わかやま》県

中国《ちゅうごく》地方

㉛ 鳥取《とっとり》県　㉜ 島根《しまね》県　㉝ 岡山《おかやま》県　㉞ 広島《ひろしま》県　㉟ 山口《やまぐち》県

四国《しこく》地方

㊱ 徳島《とくしま》県　㊲ 香川《かがわ》県　㊳ 愛媛《えひめ》県　㊴ 高知《こうち》県

九州《きゅうしゅう》地方

㊵ 福岡《ふくおか》県　㊶ 佐賀《さが》県　㊷ 長崎《ながさき》県　㊸ 熊本《くまもと》県　㊹ 大分《おおいた》県　㊺ 宮崎《みやざき》県　㊻ 鹿児島《かごしま》県　㊼ 沖縄《おきなわ》県

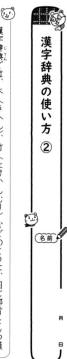

ローマ字①

名前　　月　　日

❶ 次のローマ字を、ひらがなで書きましょう。

① ame	（ あめ ）	② kame	（ かめ ）
③ asi	（ あし ）	④ hasi	（ はし ）
⑤ ika	（ いか ）	⑥ sika	（ しか ）
⑦ nami	（ なみ ）	⑧ niwa	（ にわ ）
⑨ numa	（ ぬま ）	⑩ neko	（ ねこ ）
⑪ kitte	（ きって ）	⑫ nikki	（ にっき ）
⑬ zassi	（ ざっし ）	⑭ gakkô	（ がっこう ）

❷ 次の日本語を、ローマ字で書きましょう。

① おとうさん	otôsan
② おかあさん	okâsan
③ いもうと	imôto
④ おとうと	otôto
⑤ さんすう	sansû
⑥ とうだい	tôdai
⑦ でんしゃ	densya
⑧ ぎゅうにゅう	gyûnyû
⑨ にんぎょう	ningyô
⑩ おもちゃ	omotya

ローマ字②

名前　　月　　日

❶ 次の言葉をローマ字で書きます。正しいものを選《えら》んで、〇をつけましょう。

① はな	ア hona	㋑ hana	ウ hono
② かびん	ア kobin	イ koban	㋒ kabin
③ はやし	㋐ hayasi	イ hoyasi	ウ heyasi
④ きゅう食	ア kyusoku	イ kyusyoki	㋒ kyûsyoku
⑤ たっきゅう	ア takyu	㋑ takkyû	ウ takyou
⑥ なっとう	ア natou	㋑ nattô	ウ nattou
⑦ 月曜日	ア getuyobi	㋑ getuyôbi	ウ getiyobi
⑧ 日本	㋐ Nippon	イ Nipon	ウ Nipyon
⑨ ぱんや	ア panya	イ panha	㋒ pan'ya

❷ 次のひらがなを、最初の一文字を大文字にしてローマ字で書きましょう。

〈例〉　Hokkaidô

　　　Yamada-Tarô

① きゅうしゅう	Kyûsyû
② おきなわ	Okinawa
③ なごや	Nagoya
④ きょうと	Kyôto
⑤ あまがさき	Amagasaki
⑥ さとう　たける	Satô-Takeru

ローマ字には、「A」のような大文字と、「a」のような小文字があります。地名や人名を書くときは最初《さいしょ》の一文字を大文字で書きます。

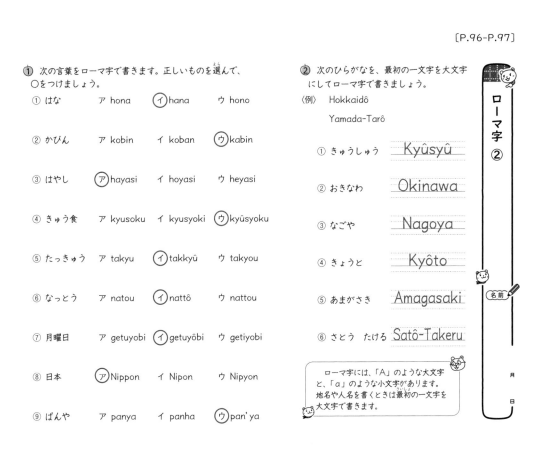

ローマ字③

名前　　月　　日

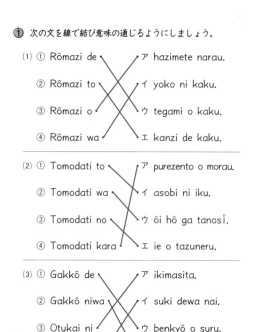

1 次の文を線で結び意味の通じるようにしましょう。

(1)
① Rômazi de
② Rômazi to
③ Rômazi o
④ Rômazi wa

ア hazimete narau.
イ yoko ni kaku.
ウ tegami o kaku.
エ kanzi de kaku.

(2)
① Tomodati to
② Tomodati wa
③ Tomodati no
④ Tomodati kara

ア purezento o morau.
イ asobi ni iku.
ウ ôi hô ga tanosî.
エ ie o tazuneru.

(3)
① Gakkô de
② Gakkô niwa
③ Otukai ni
④ Otukai wa

ア ikimasita.
イ suki dewa nai.
ウ benkyô o suru.
エ tomodati ga iru.

※「～は」「～へ」「～を」は、「wa」「e」「o」と表しているよ。

2 ローマ字の文はひらがなと漢字で、ひらがなと漢字の文はローマ字で書きましょう。

① Kyô wa dôbutuen e ikimasu.

（今日は動物園へ行きます。）

② Natuzora ni nyûdôgumo ga deru.

（夏空に入道雲が出る。）

③ Kotosi wa budô ga takusan dekita.

（今年はぶどうがたくさんできた。）

④ Densya ga tekkyô o wataru.

（電車が鉄橋をわたる。）

⑤ この駅は、「ひがしうら」です。

Kono eki wa "Higasiura" desu.

⑥ お父さんとトランプをした。

Otôsan to toranpu o sita.

⑦ とくい料理はカレーだ。

Tokui ryôri wa karê da.

ローマ字④

名前　　月　　日

ローマ字には、訓令式《くんれいしき》という書き方と、少しちがう書き方のヘボン式があります。

表式/よみ方	訓令式	ヘボン式
し	si	shi
しゃ	sya	sha
しゅ	syu	shu
しょ	syo	sho
つ	tu	tsu

表式/よみ方	訓令式	ヘボン式
ち	ti	chi
ちゃ	tya	cha
ちゅ	tyu	chu
ちょ	tyo	cho
ふ	hu	fu

表式/よみ方	訓令式	ヘボン式
じ(ぢ)	zi	ji
じゃ(ぢゃ)	zya	ja
じゅ(ぢゅ)	zyu	ju
じょ(ぢょ)	zyo	jo
を	o	o (wo)

1 次の駅名は、ヘボン式で書いています。ひらがなで書きましょう。

① ISHIKAWA　（いしかわ）

② MATSUE　（まつえ）

③ YAMAGUCHI　（やまぐち）

④ HIMEJI　（ひめじ）

⑤ MIYAKONOJÔ　（みやこのじょう）

2 次のヘボン式のローマ字をかなと漢字で書きましょう。

① Okashi o moraimasu.

（おかしをもらいます。）

② Shika niwa tsuno ga aru.

（シカには角（つの）がある。）

③ Jitensha de umi e(へ) iku.

（自転車で海へ行く。）

④ Chikamichi o sagashita.

（近道をさがした。）

⑤ Natsu wa(は) mugicha ga oishiku kanjiru.

（夏は麦茶がおいしく感じる。）

⑥ Ojîsan ni tsukue o katte moraimashita.

（おじいさんにつくえを買ってもらいました。）

詩　よかったなあ

名前　　月　日

次の詩を読んで、後の問いに答えましょう。

よかったなあ

まど・みちお

よかったなあ　草や木が
ぼくらの　まわりに　いてくれて
目のさめる　みどりの葉っぱ
美しいものの代表　花
かぐわしい実

よかったなあ　草や木が
何おく　何ちょう
もっと数かぎりなく　いてくれて
どの　ひとつひとつも
みんな　めいめいに違《ちが》っていてくれて

よかったなあ　草や木が
どんなところにも　いてくれて
鳥や　けものや　虫や　人
何が訪《たず》れるのをでも
そこで動かないで　待っていてくれて

ああ　よかったなあ　草や木がいつも
雨に洗《あら》われ
風にみがかれ
太陽にかがやいて　きらきらと

（『新しい国語　四上』東京書籍）

① この詩は何連《なんれん》からできていますか。
（四連）

② この詩は、何がいてくれてよかったと思っているのですか。
（草や木）

③ 第一連の「目のさめる」と同じ意味で使われている文を選《えら》びましょう。
（　）目のさめるような大きな音がした
（○）目のさめるような景色《けしき》が見える
（　）しかられて目のさめる思いがした

④ 第三連の草や木がいてくれるのは、どこですか。（　）に言葉を入れましょう。
草や木が（どんなところにも）いてくれて

⑤ 「きらきらと」の後に続《つづ》く言葉は、次のどれがふさわしいですか。
（　）光って
（○）照《て》らされて
（　）いてくれて

⑥ この詩で伝《つた》えたいことは何でしょう。
（○）草や木があることはありがたいことだ
（　）草や木をこれからも育てていきたい
（　）草や木にかこまれて生活をしたい

詩　ふしぎ

名前　　月　日

次の詩を読んで、後の問いに答えましょう。

ふしぎ

金子みすゞ

わたしはふしぎでたまらない、
黒い雲からふる雨が、
銀にひかっていることが。

わたしはふしぎでたまらない、
青いくわの葉たべている、
かいこが白くなることが。

わたしはふしぎでたまらない、
たれもいじらぬ夕顔が、
ひとりでぱらりと開くのが。

わたしはふしぎでたまらない、
たれにきいてもわらってて、
あたりまえだ、ということが。

（『新しい国語　四上』東京書籍）

① この詩は、何連《なんれん》からできていますか。
（四連）

② 一連と二連に共通《きょうつう》する「ふしぎ」とは何ですか。
（色が変わること）

③ 作者の一番言いたいことは、何連に書いていますか。
（四連）

④ この詩の中に出てくる色を書きましょう。
（黒（色））（銀（色））
（青（色））（白（色））

⑤ この詩に使われている表げんの工夫《くふう》を三つ選《えら》びましょう。
（○）擬人法《ぎじんほう》（人のように表げんする）
（○）反復法《はんぷくほう》（言葉をくり返す）
（　）比喩《ひゆ》（別《べつ》のものにたとえる）
（○）倒置法《とうちほう》（言葉の順《じゅん》じょをぎゃくにする）

⑥ この詩の中で「ふしぎ」と反対に使われている言葉は何ですか。
（あたりまえ）

⑦ この詩で作者の思いに近いと思うもの一つに○をつけましょう。
（　）あたりまえな生活こそ大切である。
（　）あたりまえなことを聞くと、笑《わら》われるので聞かないほうがいい。
（○）ふしぎなことがあたりまえに思えるのはなぜだろう。

物語文　白いぼうし①

名前　　　月　　日

次の文章を読んで、後の問いに答えましょう。

「これは、レモンのにおいですか。」

ほりばたで乗せたお客のしんしが、話しかけました。

「いいえ、夏みかんですよ。」

信号《しんごう》が赤なので、ブレーキをかけてから、運転手の松井《まつい》さんは、にこにこして答えました。

今日は、六月のはじめ。

夏がいきなり始まったような暑い日です。松井さんもお客も、白いワイシャツのそでを、うでまでたくし上げていました。

「ほう、夏みかんてのは、こんなににおうものですか。」

「もぎたてなのです。いなかのおふくろが、速達《そくたつ》で送ってくれました。においまでわたしにとどけたかったのでしょう。」

「ほう、ほう。」

「あまりうれしかったので、いちばん大きいのを、この車にのせてきたのですよ。」

（あまん きみこ『国語四上　かがやき』光村図書）

① お客のしんしは、何のにおいと思ったのですか。

（レモン（のにおい））

② 本当は、何のにおいでしたか。

（夏みかんのにおい）

③ ――線は、だれが、だれに答えていますか。

（運転手の松井さん）が

（お客のしんし）に。

④ だれから夏みかんが送られてきましたか。

（いなかのおふくろ）

⑤ 速達で送られてきたのは、どうしてだと松井さんは考えましたか。

（においまでとどけたかった）から。

⑥ ⑤は送った人のどんな気持ちが表れていますか。次の中から選《えら》んで、〇をつけましょう。

（　）物事を早く進めたい気持ち

（　）いつもきちんとしていたい気持ち

（〇）子どもを思うやさしい気持ち

⑦ うれしかった松井さんは、それをどうしましたか。

（いちばん大きいのを、この車にのせてきた。）

物語文　白いぼうし②

名前　　　月　　日

次の文章を読んで、後の問いに答えましょう。

緑がゆれているやなぎの下に、かわいい白いぼうしが、ちょこんとおいてあります。松井さんは車から出ました。

そして、ぼうしをつまみ上げたとたん、ふわっと何かが飛び出しました。

「あれっ。」

もんしろちょうです。あわててぼうしをふり回しました。そんな松井さんの目の前を、ちょうはひらひら高くまい上がると、なみ木の緑の向こうに見えなくなってしまいました。

「ははあ、わざわざここにおいたんだな。」ぼうしのうらに、赤いししゅう糸で、小さくぬい取りがしてあります。

「たけやまようちえん　たけの　たけお」

小さなぼうしをつかんで、ため息をついている松井さんの横を、太ったおまわりさんが、じろじろ見ながら通りすぎました。

「せっかくのえものがいなくなっていたら、この子は、どんなにがっかりするだろう。」

ちょっとの間、かたをすぼめてつっ立っていた松井さんは、何を思いついたのか、急いで車にもどりました。

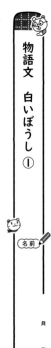

（あまん きみこ『国語四上　かがやき』光村図書）

① なぜ、松井さんは車から出たのですか。

白い（ぼうし）が、

（ちょこんとおいてあった）から。

② ぼうしから飛び出したのは、何ですか。

（もんしろちょう）

③ ここは、どこのことですか。

（やなぎの下）

④ ぼうしは、だれのものでしたか。

（たけのたけお（くん））

⑤ なぜ、だれのぼうしかわかったのですか。

（ぼうしのうら）に、

小さく（ぬい取りがしてあった）から。

⑥ 松井さんがため息をついたのはなぜですか。

（（たけおくんがつかまえた）ちょうをにがしてしまったから。）

⑦ えものとは何のことですか。

（もんしろちょう）

⑧ この子とはだれのことですか。

（　）松井さん

（〇）たけの　たけおくん

（　）おまわりさん

⑨ がっかりすると思ったのはなぜですか。

（せっかくのえものがいなくなったから。）

「なぜですか」と理由をきかれているから、「〜から」と答えているよ

物語文　白いぼうし ③

名前　　　　月　　日

次の文章を読んで、後の問いに答えましょう。

すると、ぽかっと口をO《オー》の字に開けている男の子の顔が、見えてきます。「おどろいただろうな。まほうのみかんと思うかな。なにしろ、ちょうが化けたんだから――。」

「ふふふっ。」

ひとりでにわらいがこみ上げてきました。でも、次に、

「おや。」

松井《まつい》さんはあわてました。バックミラーには、だれもうつっていません。ふり返っても、だれもいません。

「おかしいな。」

松井さんは車を止めて、考え考え、まどの外を見ました。

そこは、小さな団地《だんち》の前の小さな野原でした。

白いちょうが、二十も三十も、いえ、もっとたくさん飛《と》んでいました。クローバーが青々と広がり、わた毛と黄色の花の交ざったたんぽぽが、点々《てんてん》のもようになっています。その上を、おどるように飛んでいるちょうをぼんやり見ているうち、松井さんには、こんな声が聞こえてきました。

「よかったね。」

「よかったよ。」

「よかったね。」

「よかったよ。」

それは、シャボン玉のはじけるような、小さな小さな声でした。

（あまん きみこ『国語四上 かがやき』光村図書）

① 男の子の顔が見えたとき、松井さんはどう思いましたか。

男の子が（おどろいた　）だろう。

② なぜ、「まほうのみかん」なのですか。

（ちょう　）が（みかん　）に化けたから。

③ 松井さんがあわてているのはなぜですか。

バックミラーには、（だれもうつっていない　）から。

④ そことは、何を指しますか。

（車のまどの外　）

⑤ 文に出てくる色を、さがして三つ書きましょう。

ちょう（白（色））

クローバーの（青（色））

たんぽぽの花の（黄（色））

⑥ 「よかったね。」「よかったよ。」と言っているのはだれですか。

（　）男の子

（　）松井さん

（○）白いちょう

物語文　一つの花 ①

名前　　　　月　　日

1 次の文章を読んで、後の問いに答えましょう。

「一つだけちょうだい。」

これが、ゆみ子のはっきり覚《おぼ》えた最初《さいしょ》の言葉でした。

まだ戦争《せんそう》のはげしかったころのことです。

そのころは、おまんじゅうだの、キャラメルだの、チョコレートだの、そんな物は、どこへ行ってもありませんでした。おやつどころではありませんでした。食べるものといえば、お米の代わりに配給《はいきゅう》される、おいもや豆やかぼちゃしかありませんでした。

（今西 祐行『国語四上 かがやき』光村図書）

① このお話は、いつのころのことでしょう。

まだ（戦争のはげしかった）ころのこと。

② ゆみ子が、最初に覚えた言葉は何でしたか。

「一つだけちょうだい。」

③ そんな物とは、どんなものですか。

（おまんじゅう　）

（キャラメル　）

（チョコレート　）

2 次の文章を読んで、後の問いに答えましょう。

「この子は一生、みんなちょうだい、山ほどちょうだいと言って、両手を出すことを知らずにすごすかもしれないね。一つだけのいも、一つだけのにぎりめし、一つだけのかぼちゃのにつけ――。みんな一つだけ。一つだけのよろこびさ。いや、よろこびなんて、一つだってもらえないかもしれないんだね。いったい、大きくなって、どんな子に育つだろう。」

そんなとき、お父さんは、きまってゆみ子をめちゃくちゃに高い高いするのでした。

（今西 祐行『国語四上 かがやき』光村図書）

① この子とは、だれのことですか。

（ゆみ子　）

② 「みんな」が表しているものを、三つ書きましょう。

（いも　）

（にぎりめし　）

（かぼちゃのにつけ　）

③ お父さんは、どんな気持ちでゆみ子を高い高いしたと考えられますか。次の中から選《えら》んで、○をつけましょう。

（　）ゆみ子が、早く大きくなってほしいから。

（　）ゆみ子に、遠くを見せてやりたいから。

（○）ゆみ子がよろこぶことを一つでもしてやりたいから。

物語文　一つの花②

名前　　月　日

● 次の文章を読んで、後の問いに答えましょう。

　それからまもなく、あまりじょうぶでないゆみ子のお父さんも、戦争《せんそう》に行かなければならない日がやって来ました。

　お父さんが戦争に行く日、ゆみ子は、お母さんにおぶわれて、遠い汽車の駅まで送っていきました。頭には、お母さんの作ってくれた、わた入れの防空頭巾《ぼうくうずきん》をかぶっていきました。

　お母さんのかたにかかっているかばんには、包帯《ほうたい》、お薬、配給《はいきゅう》のきっぷ、そして、大事なお米で作ったおにぎりが入っていました。

　ゆみ子は、おにぎりが入っているのをちゃあんと知っていましたので、

「一つだけちょうだい。おじぎり、一つだけちょうだい。」

と言って、駅に着くまでにみんな食べてしまいました。お母さんは、戦争に行くお父さんに、ゆみ子の泣《な》き顔《がお》を見せたくなかったのでしょうか。


（今西 祐行『国語四上　かがやき』光村図書）

① 文は、どんな日のことを書いていますか。
（お父さん　）が
（戦争　）に行く日のこと。

② ゆみ子はお母さんにおぶわれて、どうしましたか。
汽車の駅まで（送っていった　）。

③ ゆみ子は、何をかぶっていきましたか。
（わた入れ　）の（防空頭巾（ぼう空頭きん）　）

④ お母さんのかばんには、何が入っていましたか。
（包帯　）（お薬　）

（配給のきっぷ　）（おにぎり　）

⑤ お母さんは、だれのために「大事なお米で」おにぎりを作っていましたか。次の中から選んで、○をつけましょう。
（○）戦争に行くお父さん
（　）おなかをすかせたゆみ子

⑥ なぜ、お母さんはゆみ子におにぎりを全部食べさせたのでしょうか。それがわかる文に線を引きましょう。

⑦ 戦争中であることがよくわかる言葉を、次の中から二つ選《えら》び、○をつけましょう。
（○）防空頭巾　（　）かばん
（○）配給のきっぷ　（　）汽車の駅

物語文　一つの花③

名前　　月　日

❶ 次の文章を読んで、後の問いに答えましょう。

　駅には、他にも戦争《せんそう》に行く人があって、人ごみの中から、ときどきばんざいの声が起こりました。また、別《べつ》の方からは、たえず勇《いさ》ましい軍歌《ぐんか》が聞こえてきました。

　ゆみ子とお母さんの他に見送りのないお父さんは、プラットホームのはしの方で、ゆみ子をだいて、そんなばんざいや軍歌の声に合わせて、小さくばんざいをしていたり、歌を歌っていたりしていました。まるで、戦争になんか行く人ではないかのように。


（今西 祐行『国語四上　かがやき』光村図書）

① 駅の人ごみの中からは、どんな声が聞こえてきましたか。二つ書きましょう。
ときどき（ばんざいの声　）
たえず（勇ましい軍歌　）

② 「まるで、戦争になんか行く人ではないかのように」していたのはだれですか。
（お父さん　）

③ なぜそうしたと考えられますか。次の中から選《えら》び、○をつけましょう。
（　）歌があまり好《す》きではないから。

（　）人ごみがいやだったから。

（○）戦争には行きたくなかったから。

❷ 次の文章を読んで、後の問いに答えましょう。

　それから、十年の年月がすぎました。

　ゆみ子は、お父さんの顔を覚《おぼ》えていません。自分にお父さんがあったことも、あるいは知らないのかもしれません。

　でも、今、ゆみ子のとんとんぶきの小さな家は、コスモスの花でいっぱいに包《つつ》まれています。

（今西 祐行『国語四上　かがやき』光村図書）

① とんとんぶきと同じ使われ方をしているものに、○をつけましょう。
（○）かわらぶきの屋根。

（　）布でからぶきをする。

（　）ふきさらしのテント。

② 「コスモスの花でいっぱいに包まれています。」にこめられた作者の気持ちを、次の中から選んで、○をつけましょう。
（　）ゆみ子とお母さんは花がすきなんだろう。

（○）コスモスの花と共《とも》に、お父さんの思い出が残《のこ》されているのだろう。

（　）庭の手入れがあまりできないほど、生活に追われているのだろう。

物語文　ごんぎつね①

名前　　　　月　　日

次の文章を読んで、後の問いに答えましょう。

これは、わたしが小さいときに、村の茂《も》平《へい》というおじいさんから聞いたお話です。

昔は、わたしたちの村の近くの中山という所に、小さなお城《しろ》があって、中山様というおとの様がおられたそうです。

その中山から少しはなれた山の中に、「ごんぎつね」というきつねがいました。

ごんは、ひとりぼっちの小ぎつねで、しだのいっぱいしげった森の中に、あなをほって住んでいました。そして、夜でも昼でも、あたりの村へ出てきて、いたずらばかりしました。畑へ入っていもをほり散《ち》らかしたり、菜種《なたね》がらのほしてあるのへ火をつけたり、百姓《ひゃくしょう》家のうら手につるしてあるとんがらし《(とうがらし)》をむしり取っていったり、いろんなことをしました。

（新美　南吉「国語四下　はばたき」光村図書）

① このお話は、だれが、だれから聞いたものですか。

（わたし　）が、（村　）の（茂《も》平　）という（おじいさん）から聞いたお話。

② 「わたしたちの村の近く」は、昔どんな様子だったと書いてありますか。

小さな（お城　）があり、（中山様　）という（おとの様）がおられたそうです。

③ 「ごん」はどんなきつねですか。

（ひとりぼっち）の（小　）ぎつね。

④ 「ごん」は、どこに、どのようにすんでいましたか。

（しだのいっぱいしげった）森の中に、（あなをほって　）すんでいた。

⑤ 「ほり散らかした」とは、どんな意味ですか。

（○）ほった後、ほったらかしにした。
（　）ほったり、ほらなかったりしていた。
（　）ほった後、ていねいにうめていた。

⑥ 「ごん」のしたいたずらを、三つ書きましょう。

（いもをほり散らかした。）
（菜種がらのほしてあるのへ火をつけた。）
（とんがらしをむしり取っていった。）

物語文　ごんぎつね②

名前　　　　月　　日

次の文章を読んで、後の問いに答えましょう。

兵十《ひょうじゅう》がいなくなると、ごんは、ぴょいと草の中から飛《と》び出して、びくのそばへかけつけました。ちょいと、いたずらがしたくなったのです。ごんは、びくの中の魚をつかみ出しては、はりきりあみのかかっている所より下手の川の中を目がけて、ぽんぽん投げこみました。どの魚も、トボンと音を立てながら、にごった水の中へもぐりこみました。

いちばんしまいに、太いうなぎをつかみにかかりましたが、なにしろぬるぬるとすべりぬけるので、手ではつかめません。ごんは、（1）なって、頭をびくの中につっこんで、うなぎの頭を口にくわえました。うなぎは、キュッといって、ごんの首へまきつきました。そのとたんに兵十が、向こうから、

「うわあ、ぬすっとぎつねめ。」

とどなり立てました。ごんは、びっくりして、飛び上がりました。うなぎをふりすててにげようとしましたが、うなぎは、ごんの首にまきついたままはなれません。ごんは、そのまま横っ飛びに飛び出して、一生けんめいににげていきました。

ほらあなの近くのはんの木の下でふり返ってみましたが、兵十は追っかけては来ませんでした。

ごんは、ほっとして、うなぎの頭をかみくだき、やっと外して、あなの外の草の葉の上にのせておきました。

（新美　南吉「国語四下　はばたき」光村図書）

① 兵十がいなくなると、ごんは何をしましたか。

（　草　）の中から飛《と》び出して、（びくのそば）へ（かけつけました）。

② ごんはどんな思いで、①のようにしましたか。正しいものに○をつけましょう。

（　）びくの中を見たいな。
（　）魚を取って食べたいな。
（○）ちょっといたずらをしてやろう。

③ （1）にはどの言葉があてはまりますか。次の中から選んで、○をつけましょう。

（　）かなしく
（○）じれったく
（　）うれしく

④ ごんは、うなぎをどうしましたか。

うなぎの（　頭　）をかみくだいて外し、（あな　）の外の草の葉の上に（のせておきました）。

⑤ ④は次のどちらのことがわかりますか。

（　）うなぎを食べようと思った。
（○）うなぎを食べるつもりはなかった。

物語文　ごんぎつね ③

名前　　月　日

次の文章を読んで、後の問いに答えましょう。

次の日には、ごんは山でくりをどっさり拾って、それをかかえて兵十のうちへ行きました。

うら口からのぞいてみますと、兵十は、昼飯を食べかけて、茶わんを持ったまま、ぼんやりと考えこんでいました。変なことには、兵十のほっぺたに、かすりきずがついています。どうしたんだろうと、ごんが思っていますと、兵十がひとり言を言いました。

「いったい、だれが、いわしなんかを、おれのうちへ放りこんでいったんだろう。おかげでおれは、ぬす人と思われて、いわし屋のやつにひどいめにあわされた。」

と、ぶつぶつ言っています。

ごんは、「これは（1）。」と思いました。

「かわいそうに、兵十は、いわし屋にぶんなぐられて、あんなきずまでつけられたのか。」

ごんはこう思いながら、そっと物置の方へ回って、その入り口にくりを置いて帰りました。

次の日も、その次の日も、ごんは、くりを拾っては兵十のうちへ持ってきてやりました。

（新美南吉『国語四下　はばたき』光村図書）

① 兵十のほっぺたに、きずをつけたのは、だれですか。

（いわし屋）

② どうして、そうなったのですか。

いわし屋に（ぬす人）と思われたから。

③ 「考えこんでいた」兵十の気持ちを、次の中から選んで、〇をつけましょう。

（　）いわしを取りかえされて、くやしいな。
（　）一人だけの食事はさびしいな。
（〇）だれが、いわしを放りこんでいったのだろう。

④ （1）に入る正しい言葉に〇をつけましょう。

（　）うれしい
（　）いやだな
（〇）しまった
（　）はずかしい

⑤ この日、ごんが兵十にしたことは何ですか。

（くりを置いて帰った。）

⑥ 「次の日も、その次の日も」やめなかったのは、なぜですか。

（〇）兵十には、めいわくをかけてしまったから。
（　）兵十は、くりが好きだったから。
（　）くりが多くとれて、あまったから。

物語文　ごんぎつね ④

名前　　月　日

次の文章を読んで、後の問いに答えましょう。

そのとき兵十《ひょうじゅう》は、ふと顔を上げました。（1）、きつねがうちの中へ入ったではありませんか。こないだ、うなぎをぬすみやがったあのごんぎつねめが、またいたずらをしに来たな。

「ようし。」

兵十は立ち上がって、なやにかけてある火なわじゅうを取って、火薬をつめました。

そして、足音をしのばせて近よって、今、戸口を出ようとするごんを、ドンとうちました。

ごんは、ばたりとたおれました。

兵十はかけよってきました。うちの中を見ると、土間にくりがかためて置《お》いてあるのが、目につきました。

「おや。」

と、兵十は、びっくりして、ごんに目を落としました。

「ごん、おまい《おまえ》だったのか。いつも、くりをくれたのは。」

ごんは、ぐったりと目をつぶったまま、うなずきました。

（新美南吉『国語四下　はばたき』光村図書）

① （1）には、かなが一文字入ります。次の中から選《えら》び、〇をつけましょう。

（　）が
（　）か
（　）そ
（〇）と

② ふと顔を上げた兵十は何を見ましたか。

（きつね）が、（うちの中に入った）のを見た。

③ 兵十が、ごんに対してはらを立てていることがわかる言葉を書きましょう。

うなぎを（ぬすみやがった）あのごんぎつね（め）。

④ 兵十のうちの中は、どうなっていましたか。

（土間に、くりがかためて置いてあった。）

⑤ 「ごん、おまえだったのか。いつも、くりをくれたのは。」からわかる兵十の気持ちで、正しいと思うものに〇を二つつけましょう。

（　）やっと、いたずらぎつねをしとめたぞ。
（〇）お前は、いたずらぎつねじゃなかったんだな。
（〇）しまった、じゅうでうつなんてことをするんじゃなかった。
（　）くりなんかくれたって、うなぎのつぐないにはならないぞ。

「どうなって」と聞かれているから「(〜して) あった」と答えているよ

物語文 プラタナスの木①

名前　　　月　　日

次の文章を読んで、後の問いに答えましょう。

ある日、おじいさんは不思議なことを言った。

「このプラタナスの木が、さか立ちしているところを考えたことがあるかい。」

「あらま。木がさか立ち。」

アラマちゃんが、いつものようにおどろいた。

「そう。この木がさか立ちするだろう。すると、木のみきや枝葉《えだは》と同じぐらいの大きさの根が出てくるんだよ。木というのは、上に生えている枝や葉をささえるために、土の中でそれと同じぐらい大きな根が広がって、水分や養分を送っているんだ。」

「どの木もみんなそうなんですか。」

今度は、花島君がマーちゃんの頭ごしにきいた。

「たいていの木は、大きな根が地面の下にぎっしり広がっているのさ。だから、このプラタナスの木が公園全体を守っている、といってもいいくらいだ。もし、地上のみきや枝葉がなくなったら、根は水分や養分を送れなくてこまってしまうんだ。」

マーちゃんと花島君とクニスケは「ふうん。」と同じような声を出したが、アラマちゃんはやっぱり「(1)。」と言った。

（椎名誠『国語四下　はばたき』光村図書）

① さか立ちしているところを考えるとは、木の何を考えることですか。
（木の根のことを考えること。）

② プラタナスの木の根はどれくらいの大きさですか。
（木のみきや枝葉と同じぐらいの大きさ。）

③ 木の根の働きをまとめて、二つ書きましょう。
（上に生えている枝や葉をささえる。）
（（枝や葉に）水分や養分を送る。）

④ プラタナスの木が公園全体を守るとはどんなことですか。次の中から選んで、○をつけましょう。
（○）プラタナスの根が公園の地面を支えていること。
（　）プラタナスの葉が日かげを作ること。
（　）プラタナスの木が風よけになること。

⑤ 木の根がこまるとはどういうことですか。
（根が水分や養分を送れなくなるということ。）

⑥ (1)に入る言葉を次の中から選《えら》んで、○をつけましょう。
（　）ふうん
（○）あらま
（　）へえー

「考えること」を聞かれているから「〜を考えること」と答えているよ

物語文 プラタナスの木②

名前　　　月　　日

次の文章を読んで、後の問いに答えましょう。

長い夏休みが終わり、新学期が始まった。

プラタナス公園の異変《いへん》を最初に知らせてくれたのは、ハイソックスをずり落としながら走ってきたクニスケだった。プラタナスの木がなくなっている、というのだ。放課後、四人はプラタナス公園に走った。

本当だった。マーちゃんが、お父さんのふるさとで台風にあっていたころ、当然だけれど、この公園も台風におそわれていたのだ。近所の人に聞くと、プラタナスがたおれかかってきけんだったのだという。マーちゃんたちがいない間に、大きなプラタナスは切りかぶだけを残して消えてしまっていた。その横には、強い日を浴びて、ベンチがぽつんと置かれている。

公園は、立ち入り禁止になっていた。

「根は、ほられてはいないみたいだ。でも残った根っこはきっとこまっているんだろうね。」

花島君が、かたを落として言った。アラマちゃんは、いつもの口ぐせを言わずにだまっている。

（椎名誠『国語四下　はばたき』光村図書）

① 何が終わり何が始まったのですか。
（長い夏休み）が終わり
（新学期）が始まった。

② プラタナス公園の異変とは何ですか。
（プラタナスの木がなくなっていること。）

③ ハイソックスをずり落としながらという表現からクニスケのどんなことがわかりますか。
（　）きちんとしていなくてだらしない。
（○）早く伝えたいと急いでいる。
（　）小さなことに気にしない。

④ 台風でプラタナスの木はどうなってしまいましたか。
（たおれかかっていた。）

⑤ 公園はどうなりましたか。
（立ち入り禁止になっていた。）

⑥ かたを落とすとはどういう意味ですか。
（がっかりする。）

⑦ 花島君がかたを落としたのはなぜですか。正しいと思う文に○をつけましょう。
（　）公園が立ち入り禁止になってしまったから。
（○）プラタナスの木が切られていたから。
（　）残った根っこはこまっているから。

物語文　プラタナスの木 ③

名前　　月　日

次の文章を読んで、後の問いに答えましょう。

立ち入り禁止がとけて、また、マーちんたちは、公園に遊びに行くようになった。木が切られてから、おじいさんは公園にすがたを見せなくなっていた。サッカーも前ほど白熱しなくなり、マーちんたちは、おじいさんがいつもすわっていた、日かげのなくなったベンチにだまってすわりこんだ。だまっているけれど、みんなが何を考えているかは分かる。

そんなある日、ベンチにすわっていたマーちんは、思いついたように、プラタナスの切りかぶの上に立ってみた。今でも地下に広がっている根のことを想像《そうぞう》していたら、そうしたい気持ちになったのだ。

花島君が不思議そうに見ていたので、

「おいでよ。なんだか、根にささえられているみたいだよ。」

と言うと、花島君だけではなく、クニスケもアラマちゃんも切りかぶに乗ってきた。

せいの高い花島君を真ん中にして、両手を広げてプラタナスの切りかぶに乗っていると、みんなが木のみきや枝になったみたいだ。

（椎名 誠「国語四下　はばたき」光村図書）

① 立ち入り禁止がとけて、マーちんたちはどうしましたか。
（公園に遊びに行くようになった。）

② 日かげがなくなったのはなぜですか。
（　）太陽が雲にかくれたから。
（　）夕方になり太陽がしずんだから。
（○）プラタナスの木が切られたから。

③ みんなは何を考えていたのでしょうか。
なぜ（おじいさん）は（公園にすがたを見せなくなったの）だろう。

④ そうしたい気持ちとは何をしたい気持ちですか。
（プラタナスの切りかぶの上に立ってみたいという気持ち。）

⑤ 切りかぶの真ん中に立っているのはだれですか。
（せいの高い花島君）

⑥ みんなの両手は、プラタナスのどこになるのでしょうか。
（みきや枝）

⑦ プラタナスの切りかぶに乗ったみんなは何人ですか。
（四人）

説明文　手で食べる、はしで食べる ①

名前　　月　日

次の文章を読んで、後の問いに答えましょう。

はしは、三千年以上《いじょう》前に中国《ちゅうごく》で生まれたようです。それ以前は手で食べていたということです。はしは、スープなどを飲むためのれんげやスプーンといっしょに使われていて、それが近くの国々にも広まりました。日本にも、最初《さいしょ》ははしとスプーンのセットが入ってきましたが、木の茶わんが使われ、しる物も茶わんをじかに口につける食べ方がふつうになったため、スプーンは使われなくなり、はしだけになりました。

はしでご飯を食べる所は、日本以外に、韓国《かんこく》・中国・ベトナムなどがありますが、国によってその使い方や形がちがいます。

例えば、韓国では、ご飯やスープはスプーンで食べて、おかずを取るときに、金ぞくのはしを使います。韓国では、金ぞくのうつわにご飯やスープを入れるのがふつうで、熱《あつ》いと持ちにくいため、うつわを置いたまま食べます。それにはスプーンのほうが食べやすいのです。日本のように、ご飯のうつわを手で持つのは、韓国《かんこく》ではぎょうぎが悪いこととされています。

（森枝 卓士「みんなと学ぶ　小学校国語　四年上」学校図書）

① はしは、いつ、どこで生まれましたか。
いつ（三千年以上前）
どこで（中国）

② はしといっしょに使われていたものは何と何ですか。
（れんげ）と（スプーン）

③ 日本がスプーンを使われなくなったのはなぜですか。
（木の茶わん）が使われ、（しる物も茶わんをじかに口につける）食べ方がふつうになったから。

④ はしでご飯を食べる所は、日本以外にどこがありますか。3つ書きましょう。
（韓国）
（中国）
（ベトナム）

⑤ 韓国ではしを使うのはどんなときですか。
（おかずを取るとき）

⑥ 韓国でうつわを置いたまま食べるのはなぜですか。
（金ぞくのうつわにご飯やスープを入れるので、熱いと持ちにくいため。）

⑦ ご飯のうつわを手で持つのは、韓国では何とされていますか。
（ぎょうぎが悪い）

「なぜですか」と理由を聞かれているから「〜ため」や「〜から」と答えるよ

説明文 手で食べる、はしで食べる②

名前　　月　日

次の文章を読んで、後の問いに答えましょう。

中国《ちゅうごく》やベトナムのはしは、日本のものよりも長くできています。大きな皿にもった料理を、みんなの中央に置き、手をのばして食べるからです。日本は、昔から一人一人のおぜんに料理をもったので、短いはしでよかったのです。

また、日本のように家庭内でめいめいが自分せん用のはしを持っているのはめずらしいことです。日本の他には、モンゴルの人々が肉のかたまりを切り分けるナイフとはしがセットになったものを、一人ずつ持っているくらいで、「だれのはし」と決められていないことが多いです。

（1）、同じように中国から伝《つた》わった道具であるはしでも、その形や使い方は、それぞれの国の生活のしかたによって、ちがうものになっていったのです。

手で食べるか、はしで食べるか、また、どんなはしでどのようにして食べるかということは、その国の食べ物や生活のしかたのちがい、つまり「文化」のちがいからきています。

どのような方法《ほうほう》で食べるかということは、それぞれの国の「文化」から生まれた人々のちえなのです。

（森枝 卓士『みんなと学ぶ 小学校国語 四年上』学校図書）

① 中国やベトナムのはしが日本より長いのはなぜですか。

（大きな皿にもった）料理を、
（みんなの中央）に置き、
（手をのばして）食べるから。

② 日本は短いはしでよかったのはなぜですか。

（一人一人のおぜんに料理をもったから。）

③ 自分せん用のはしを持っているのは、日本とどこの国ですか。

（モンゴル）

④ モンゴルで一人ずつセットで持っているものははしと何でしょう。

（ナイフ）

⑤ 食べ物や生活のしかたのちがいのことを別の言葉で何と表現していますか。

（「文化」のちがい）

⑥ （1）に入る言葉を選びましょう。

（　）しかも
（　）そのうえ
（〇）このように

説明文 アップとルーズで伝える①

名前　　月　日

次の文章を読んで、後の問いに答えましょう。

テレビでサッカーの試合を放送しています。今はハーフタイム。（1）後半が始まろうとするところで、画面には会場全体がうつし出されています。両チームの選手たちは、コート全体に広がって、体を動かしています。観客席は、ほぼまんいんといっていいでしょう。おうえんするチームの、チームカラーの洋服などを身に着けた人たちでうまっています。会場全体が、静かに、こうふんをおさえて、開始を待ち受けている感じが伝わります。

（2）後半が始まります。画面は、コートの中央に立つ選手をうつし出しました。ホイッスルと同時にボールをける選手です。顔を上げて、ボールをける方向を見ているようです。

初めの画面のように、広いはんいをうつすとり方を「ルーズ」といいます。次の画面のように、ある部分を大きくうつすとり方を「アップ」といいます。何かを伝えるときには、このアップとルーズを選んだり、組み合わせたりすることが大切です。アップとルーズでは、どんなちがいがあるのでしょう。

（中谷 日出『国語四上 かがやき』光村図書）

① テレビで放送しているのは、何ですか。

（サッカーの試合）

② 両チームの選手たちは、何をしていますか。

（コート全体に広がって、体を動かしてる。）

③ コートの中央に立つ選手は、ホイッスルが鳴ると何をしますか。

（ボールをける）

④ 選手は、顔を上げてどこを見ていますか。

（ボールをける方向）

⑤ ルーズとはどんなとり方ですか。

（広いはんいをうつすとり方）

⑥ アップとはどんなとり方ですか。

（ある部分を大きくうつすとり方）

⑦ 何かを伝えるときに大切なことは何ですか。

（アップとルーズを選んだり、組み合わせたりすること。）

⑧ （1）（2）に入る言葉を［　］から選《えら》んで、記号を書きましょう。

（1）（イ）
（2）（ア）

ア いよいよ　イ もうすぐ　ウ そのうち

説明文 アップとルーズで伝える②

名前

月　日

次の文章を読んで、後の問いに答えましょう。

　アップでとったゴール直後のシーンを見てみましょう。ゴールを決めた選手が両手を広げて走っています。ひたいにあせを光らせ、口を大きく開けて、全身でよろこびを表しながら走る選手の様子がよく伝わります。アップでとると、細かい部分の様子がよく分かります。（1）、このとき、ゴールを決められたチームの選手は、どんな様子でいるのでしょう。それぞれのおうえん席の様子はどうなのでしょう。走っている選手いがいの、うつされていない多くの部分のことは、アップでは分かりません。

　試合終了《りょう》直後のシーンを見てみましょう。勝ったチームのおうえん席です。あちこちでふられる旗、たれまく、立ち上がっている観客と、それに向かって手をあげる選手たち。選手とおうえんした人たちとが一体となって、しょうりをよろこび合っています。ルーズでとると、広いはんいの様子がよく分かります。

　（2）、各《かく》選手の顔つきや視線《しせん》、それらから感じられる気持ちまでは、なかなか分かりません。

（中谷 日出「国語四上 かがやき」光村図書）

① アップでとると、どんな様子がよく分かりますか。
（細かい部分の様子）

② ルーズでとると、どんな様子がよく分かりますか。
（広いはんいの様子）

③ ルーズでとると、なかなか分からないことは何ですか。
（各選手の顔つきや視線から感じられる気持ち。）

④ 次のシーンは、「アップ」か「ルーズ」のどちらでとるのがいいか書きましょう。
・選手の顔つきや視線（アップ）
・おうえん席の様子（ルーズ）
・ゴールを決めた選手の様子（アップ）
・選手と観客がしょうりをよろこび合っている様子（ルーズ）

⑤ （1）にあてはまる言葉を選《えら》んで、○をつけましょう。
（　）そして
（○）しかし
（　）だから

⑥ （2）にあてはまる言葉を選んで、○をつけましょう。
（　）また
（　）もし
（○）でも

説明文 アップとルーズで伝える③

名前

月　日

次の文章を読んで、後の問いに答えましょう。

　写真にも、アップでとったものとルーズでとったものがあります。新聞を見ると、伝えたい内容《ないよう》に合わせて、どちらかの写真が使われていることが分かります。紙面の広さによっては、それらを組み合わせることもあります。取材のときには、いろいろな角度やきょりから、多くの写真をとっています。そして、その中から目的にいちばん合うものを選んで使うようにしています。

　同じ場面でも、アップとルーズのどちらで伝えるかによって伝わる内容がかわってしまう場合があります。（1）、送り手は伝えたいことに合わせて、アップとルーズを選んだり、組み合わせたりする必要があるのです。みなさんも、クラスの友達や学校のみんなに何かを伝えたいと思うことがあるでしょう。そのときには、ある部分を細かく伝える「アップ」と、広いはんいの様子を伝える「ルーズ」があることを思い出しましょう。そうすることで、あなたの伝えたいことをより分かりやすく、受け手にとどけることができるはずです。

（中谷 日出「国語四上 かがやき」光村図書）

① それらとは、何と何のことですか。
（アップでとった写真とルーズでとった写真）

② そのとは何のことですか。
（多くの写真）

③ 同じ場面でも、アップとルーズのどちらで伝えるかによって何がかわりますか。
（伝わる内容）

④ （1）に入る言葉を選んで、○をつけましょう。
（　）にもかかわらず
（　）それどころか
（○）だからこそ

⑤ アップとルーズはどんな様子を伝えるときに使いますか。
アップ…（ある部分を細かく）伝える
ルーズ…（広いはんいの様子を）伝える

⑥ 文をせつ明しているものを、次の中から選《えら》んで、○をつけましょう。
（　）アップとルーズのどちらかだけを使うとよく伝わる。
（　）よりよく伝えるためにアップとルーズをいつも両方使う。
（○）伝えたいことに合わせてアップとルーズを選んだり、組み合わせたりする。

説明文

ヤドカリとイソギンチャク①

名前　　　　月　　日

次の文章を読んで、後の問いに答えましょう。

ヤドカリの仲間《なかま》で、さんごしょうに多いソメンヤドカリは、貝がらにイソギンチャクを付《つ》けて歩き回っています。観察《かんさつ》してみると、ソメンヤドカリは、たいてい二つから四つのベニヒモイソギンチャクを、貝がらの上に付けています。中には、九つものイソギンチャクを付けていたヤドカリの例《れい》も記録《きろく》されています。このようなヤドカリのすがたは、いかにも重そうに見えます。

なぜ、ヤドカリは、いくつものイソギンチャクを貝がらに付けているのでしょうか。

このことを調べるために、次のような実験《じっけん》をしました。

まず、おなかをすかせたタコのいる水そうに、イソギンチャクを付けていないヤドカリを放します。タコはヤドカリが大好物《だいこうぶつ》なので、長いあしですぐヤドカリをつかまえ、貝がらをかみくだいて食べてしまいます。

次に、イソギンチャクを付けているヤドカリを入れてみます。タコは、ヤドカリをとらえようとしてしきりにあしをのばしますが、イソギンチャクにふれそうになると、あわててあしを引っこめてしまいます。ヤドカリが近づくと、タコは後ずさりしたり、水そうの中をにげ回ったりします。

（武田 正倫『新しい国語　四上』東京書籍）

① ソメンヤドカリは、主にどこにすんでいますか。
（さんごしょう）

② ソメンヤドカリは、貝がらに何を付けていますか。
（イソギンチャク）

③ このこととは何のことですか。
（ヤドカリがいくつものイソギンチャクを貝がらに付けていること。）

④ 実験のため水そうにいるタコはどんな状態のタコですか。
（おなかをすかせた状態のタコ）

⑤ ソメンヤドカリは、ふつういくつのイソギンチャクを貝がらに付けていますか。
（二つから四つ）

⑥ ふつう、タコはどのようにしてヤドカリを食べますか。
（長いあしでヤドカリをつかまえ、貝がらをかみくだいて食べる。）

⑦ 実験のタコは、イソギンチャクにふれそうになるとどうなりますか。
（あわててあしを引っこめる。）

⑧ ヤドカリがタコに近づくと、タコはどうなりますか。
タコは（後ずさり）したり、（水そうの中をにげ回ったり）する。

説明文

ヤドカリとイソギンチャク②

名前　　　　月　　日

次の文章を読んで、後の問いに答えましょう。

実は、イソギンチャクのしょく手は、何かがふれるとはりが飛《と》び出す仕組みになっています。そのはりで、魚やエビをしびれさせて、えさにするのです。タコや魚はこのことをよく知っていて、イソギンチャクに近づこうとはしません。それで、ヤドカリは、イソギンチャクを自分の貝がらに付《つ》けることで、敵《てき》から身を守ることができるのです。

では、ヤドカリは、石に付いたイソギンチャクを、どうやって自分の貝がらにうつすのでしょうか。ヤドカリが、イソギンチャクのはりでさされることはないのでしょうか。

ヤドカリとイソギンチャクの関係《かんけい》を研究しているカナダのロス博士《はくし》は、ヤドカリとイソギンチャクがどのようにしていっしょになるのか、水そうで観察《かんさつ》しました。

ソメンヤドカリを飼《か》っている水そうに、石などに付いたベニヒモイソギンチャクを入れます。ヤドカリは、自分の貝がらにイソギンチャクを付けていても、イソギンチャクを見れば、いくつでもほしくなるようです。すぐ近づいてきて、あしを使ってイソギンチャクの体をつついたり、両方のはさみで引っぱったりして、イソギンチャクをはがしてしまいます。そして、かかえるようにして自分の貝がらの上におし付けるのです。ずいぶん手あらな方法《ほうほう》に見えますが、イソギンチャクはしょく手をのばしたままで、いかにも気持ちよさそうに見えます。はりも飛び出しません。

（武田 正倫『新しい国語　四上』東京書籍）

① イソギンチャクのしょく手は、何かにふれるとどんな仕組みになっていますか。
（何かにふれるとはりが飛び出す仕組み）

② イソギンチャクのはりで、魚やエビをどうするのですか。
（しびれさせてえさにする。）

③ ヤドカリは、イソギンチャクを自分の貝がらに付けることで、どんなことができるのですか。
（敵（てき）から身を守ることができる。）

④ 次の文はヤドカリがイソギンチャクを自分の貝がらに付ける様子を表しています。（　）にあてはまる言葉を書きましょう。
あしを使ってイソギンチャクの体を（つつく）。
両方のはさみで（引っぱる）。
イソギンチャクを（はがす）。
かかえるようにして、自分の貝がらの上に（おし付ける）。

はがす　引っぱる　おし付ける　つつく

⑤ ヤドカリがイソギンチャクを自分の貝がらに付ける間、イソギンチャクはどうしていますか。
（　）付かないようににげまわる。
（○）しょく手をのばしたまま、はりも出さない。
（　）自分からやどかりに付こうとする。

説明文 ヤドカリとイソギンチャク③

名前　　　　月　　日

● 次の文章を読んで、後の問いに答えましょう。

では、イソギンチャクは、ヤドカリの貝がらに付くことで、何か利益《りえき》があるのでしょうか。

ヤドカリに付いていないベニヒモイソギンチャクは、ほとんど動きません。ですから、えさになる魚やエビが近くにやってくるのを待つしかありません。（1）、ヤドカリに付いていれば、いろいろな場所に移動《いどう》することができるので、その結果、えさをとる機会《きかい》がふえます。（2）、ヤドカリに付いていると、ヤドカリの食べのこしをもらうこともできるのです。

さんごしょうの美しい海では、いくつものベニヒモイソギンチャクを貝がらに付けた、ソメンヤドカリを見ることができます。ヤドカリとイソギンチャクは、たがいに助け合って生きているのです。

（武田 正倫「新しい国語 四上」東京書籍）

① ベニヒモイソギンチャクのえさは何でしょうか。
（魚やエビ）

② ヤドカリに付いたイソギンチャクのえさをとる機会が増えるのはなぜですか。
（ヤドカリに付いていれば、いろいろな場所に移動することができるから。）

③ （1）にあてはまる言葉を選《えら》んで、○をつけましょう。
（　）そして
（○）しかし
（　）しかも

④ （2）にあてはまることばを選びましょう。
（　）だから
（　）しかし
（○）また

⑤ ベニヒモイソギンチャクを貝がらに付けたソメンヤドガリが見られるのはどこですか。
（さんごしょうの美しい海）

⑥ ヤドカリとイソギンチャクの関係で正しい文に○をつけましょう。
（　）ヤドカリはイソギンチャクをえさにしている。
（　）イソギンチャクはヤドカリに付いているのでえさをとることができない。
（○）ヤドカリとイソギンチャクはたがいに助け合っている。

説明文 花を見つける手がかり①

名前　　　　月　　日

● 次の文章を読んで、後の問いに答えましょう。

実験《じっけん》は、まず、花だんの花を使って始めました。花だんには、赤・黄・むらさき・青と、四種類《しゅるい》の色の花がさいています。少しはなれた所で、生まれてから花を見たことのないもんしろちょうを、いっせいに放しました。

もんしろちょうは、いっせいに、花だんに向かってとんでいきます。もんしろちょうは、生まれながらに、花を見つける力を身につけているようです。

花だんは、たちまち、ちょうでいっぱいになってしまいました。注意して見ると、ちょうのよく集まる花と、そうでない花とがあります。むらさきの花には集まっていますが、赤い花には、あまり来ていないようです。もんしろちょうは、色で花を見つけているのでしょうか。

（1）、そう決めてしまうのは、ちょっと早すぎます。たまたま、花だんに植えた赤い花が、おいしそうなにおいを出していないのかもしれないからです。色か、においか、――そこのところをたしかめるには、別《べつ》の実験をしなければなりません。

（吉原 順平「ひろがる言葉 小学国語 四上」教育出版）

① 実験は、まず何を使って始めましたか。
（花だんの花）

② 花だんには、何色の花がさいていますか。
（赤・黄・むらさき・青）

③ もんしろちょうが、生まれながらに、花を見つける力を身につけているのは、どんなことからわかりますか。
（いっせいに、花だんに向かって飛（と）んでいったことから。）

④ ちょうのよく集まる花とあまり集まらない花は何色の花ですか。
よく集まる花………（むらさきの花）
あまり集まらない花…（赤い花）

⑤ （1）に入る言葉を選《えら》んで、○をつけましょう。
（○）でも
（　）もし
（　）また

⑥ もんしろちょうは、色で花を見つけると決めてしまうのは早すぎるのはなぜですか。
（赤い花が、おいしそうなにおいを出していないのかもしれないから。）

⑦ 別の実験でたしかめることは花の何と何ですか。
（色とにおい）

「なぜですか」と理由を聞かれているから「～から」と答えているよ

説明文

花を見つける手がかり②

名前　　　　月　　日

次の文章を読んで、後の問いに答えましょう。

そこで、今度は、においのしないプラスチックの造花《ぞうか》を使うことにしました。色は、花だんのときと同じ赤・黄・むらさき・青の四種類《しゅるい》です。

もんしろちょうを放すと、やはり、まっすぐに造花に向かってとんでいきました。止まって、みつをすおうとするものもいます。プラスチックの造花には、みつもないし、においもありません。（1）、もんしろちょうは、においではなく、花の色か形にひかれていると考えられるでしょう。そして、造花の場合も、赤い花には、あまりやってきませんでした。

（吉原 順平「ひろがる言葉 小学国語 四上」教育出版）

① 今度の実験は、何を使いますか。
（においのしないプラスチックの造花）

② 何種類の色を使いますか。
（四種類）

③ もんしろちょうは造花にどのように飛《と》んでいきましたか。
（まっすぐ飛（と）んでいった。）

④ ③の後、ちょうはどんなことをするものがいましたか。
（止まって、みつをすおうとするものがいた。）

⑤ プラスチックの造花にないものは何と何ですか。
（みつとにおい）

⑥ （1）に入る言葉を選《えら》んで、○をつけましょう。
（　）なぜなら
（　）けれども
（○）ですから

⑦ もんしろちょうは、花の何にひかれていると考えられますか。
（花の色か形）

⑧ 造花の場合にも、やってこなかった色の花は何色ですか。
（赤色）

説明文

花を見つける手がかり③

名前　　　　月　　日

次の文章を読んで、後の問いに答えましょう。

次の実験《じっけん》では、花の代わりに、四角い色紙を使ってみました。色紙にも集まってくれば、花の形が問題なのではなく、色だけが、もんしろちょうをひきつけているということになるでしょう。用意した色は、前と同じ四種類《しゅるい》です。もんしろちょうは、色紙を花だと思ってくれるでしょうか。

いよいよ、二百ぴきほどのもんしろちょうを放してみました。ただの紙なのに、やはり、ちょうは集まってきます。むらさきの色紙に止まったものもいます。黄色の色紙に止まったものもいます。止まったちょうは、長い口をのばして、みつをすおうとしています。もんしろちょうは、色紙を花だと思っているようです。

集まり方を色別《いろべつ》に調べてみました。最《もっと》も多く集まったのがむらさき、次に多かったのが黄色、青に来たものは少なく、赤には、ほとんど来ませんでした。念《ねん》のため、赤い色紙にみつをつけたものを用意してみましたが、これにもちょうは来ませんでした。

（吉原 順平「ひろがる言葉 小学国語 四上」教育出版）

① 次の実験では、何を使いましたか。
（四角い色紙）

② この実験で、どんなことがわかりますか。
（花の形が問題なのではなく、色だけがもんしろちょうをひきつけているかどうかということ。）

「どんなことが〜」と聞かれているので「〜こと」と答えているよ

③ ただの紙にちょうは集まってきましたか。
（集まってきた。）

④ 止まったちょうは何をしようとしていますか。
（長い口をのばして、みつをすおうとしている。）

⑤ 集まり方の多い色を順に書きましょう。
（むらさき）、（黄色）、（青（色））、（赤（色））

⑥ この後、念のために何をしましたか。
（赤い紙にみつをつけたものを用意した。）

⑦ 実験で分かったことを、次の中から選《えら》んで、○をつけましょう。
（　）もんしろちょうは、花の形の色紙に集まってきた。
（○）もんしろちょうは、色紙を花だとずっと思っているらしい。
（　）赤い色紙にみつをつけると、ちょうはやってきた。

説明文　くらしの中の和と洋 ①

名前　　　　　　　月　　日

次の文章を読んで、後の問いに答えましょう。

日本では、くらしの基本《きほん》である「衣食住」のどれにも、「和」と「洋」が入り交じっています。「衣」には和服と洋服があり、「食」には和食と洋食があり、「住」には和室と洋室があります。「和」は、伝統《でんとう》的な日本の文化にもとづくもので、「洋」は、主として欧米《おうべい》の文化から取り入れたものを指します。

ここでは、「衣食住」の中の「住」を取り上げ、日本のくらしの中で「和」と「洋」それぞれの良さがどのように生かされているか、考えてみましょう。

和室と洋室の最も大きなちがいは、ゆかの仕上げ方とそこに置かれる家具だといってよいでしょう。和室は、ゆかにたたみをしいて仕上げ、あまり家具を置かないようにします。一方、ほとんどの洋室は、板をはったり、カーペットをしいたりしてゆかを仕上げ、いすやテーブル、ベッドなど、部屋の目的に合わせた家具を置きます。このちがいが、それぞれの部屋の中でのすごし方や、部屋の使い方の差を生み出すと考えられます。

（「新しい国語　四下」東京書籍）

① 「衣食住」の中の「和」と「洋」は何と何ですか。それぞれ答えましょう。

「衣」…（和服）（洋服）

「食」…（和食）（洋食）

「住」…（和室）（洋室）

② 「和」はどこの文化にもとづくもので、「洋」はどこの文化から取り入れたものですか。

和（伝統的な日本の文化）

洋（主として欧米の文化）

③ 和室と洋室の最も大きなちがいは何ですか。

（ゆかの仕上げ方とそこに置かれる家具）

④ 次の文は和室と洋室のどちらを表していますか。和室なら「和」、洋室なら「洋」と書きましょう。

（洋）板をはったりカーペットをしいたりする

（和）ゆかにたたみをしく

（和）あまり家具を置かない

（洋）部屋の目的に合わせた家具を置く

⑤ 和室と洋室のちがいが生み出すものは何ですか。二つ書きましょう。

（部屋の中でのすごし方）

（部屋の使い方の差）

説明文　くらしの中の和と洋 ②

名前　　　　　　　月　　日

次の文章を読んで、後の問いに答えましょう。

和室、洋室でのすごし方には、それぞれどんな良さがあるのでしょうか。

和室のたたみの上では、いろいろなしせいをとることができます。きちんとした場では正ざをし、くつろぐときにはひざをくずしたり、あぐらをかいたりしてすわります。ねころぶこともできます。

人と人との間かくが自由に変えられるのもたたみの良さです。相手が親しければ近づいて話し、目上の人の場合には少しはなれて話すというように、自然にきょりの調節ができます。また、たたみの場合には、多少人数が多くても、間をつめればみんながすわれます。

洋室で使ういすには、いろいろな種類があります。くつろぐ、勉強をするなど、それぞれの目的に合わせたしせいがとれるように、形がくふうされています。ですから、長時間同じしせいですわっていても、つかれが少なくてすみます。いすにすわっているじょうたいから、次の動作にうつるのがかん単であることも、いすの良さです。体の重みを前方にうつし、こしをうかせれば立ち上がれます。上半身の移動《いどう》もわずかです。

（「新しい国語　四下」東京書籍）

① 和室では、どこにすわりますか。

（たたみ）の上

② 和室では、どんなしせいをとることができますか。四つ書きましょう。

（正ざ）

（ひざをくずす）

（あぐらをかく）

（ねころぶ）

③ ②のほかにたたみの良さは何ですか。

（人と人との間かくが自由に変えられること。）

④ 洋室では、どこにすわりますか。

（いす）

⑤ いすの良さは何ですか。二つ書きましょう。

・（長時間同じしせいで）すわっていても、（つかれが少なくて）すむ。

・（いすにすわっている）じょうたいから、（次の動作にうつるのが）かん単。

⑥ 「心身をゆったり休める」という意味の言葉を文中から探して書きましょう。

（くつろぐ）

説明文　くらしの中の和と洋 ③

名前　　月　日

次の文章を読んで、後の問いに答えましょう。

次に、部屋の使い方という点から、それぞれにどんな良さがあるか考えてみましょう。

初めてたずねた家の部屋であっても、それが洋室であれば、何に使う部屋かということは大体見当が付きます。それは、そこに置いてある家具で分かるのです。それぞれの部屋の家具は、その部屋をより使いやすくするために置かれます。（1）、食事をする、勉強をする、ねるといった目的に合わせて、テーブルやいす、勉強づくえ、ベッドが置かれます。洋室は、その部屋で何をするかがはっきりしていて、そのために使いやすくつくられているのです。

これに対して、和室は、一つの部屋をいろいろな目的に使うことができるという良さがあります。（2）、家にお客さんがやってきて、食事をし、とまっていくことになったという場合を考えてみましょう。洋室だけしかないとすると、少なくとも食事をする部屋、とまってもらう部屋が必要になります。しかし、和室が一部屋あれば、そこでざぶとんをしいて話をし、ざたくに料理をならべて食事をし、かたづけてふとんをしくことができます。

（3）見てくると、和室と洋室には、それぞれ良さがあることが分かります。わたしたちは、その両方の良さを取り入れてくらしているのです。

（『新しい国語　四下』東京書籍）

① 洋室の部屋を見て、何に使う部屋かは何で見当がつきますか。

（そこにおいてある家具）

② 和室の使い方の良さはなんですか。

（一つの部屋をいろいろな目的に使うことができること。）

③ （1）（2）には同じ言葉が入ります。正しいものを選《えら》んで○をつけましょう。

（　）つまり
（○）例えば
（　）だから

④ （3）に入る言葉を、選んで○をつけましょう。

（○）このように
（　）もっと
（　）くわしく

⑤ 文からわかることは次のどれですか。（　）に○を二つ入れましょう。

（　）洋室より和室のほうが使いやすい。
（○）日本では洋室と和室の良さを取り入れてくらしている。
（　）日本では和室が少なくなり洋室がふえた。
（　）日本では和室が一部屋あればじゅうぶんである。
（○）和室と洋室にはそれぞれの良さがある。

説明文　世界にほこる和紙 ①

名前　　月　日

次の文章を読んで、後の問いに答えましょう。

まず、和紙のよさについて考えてみましょう。和紙には、洋紙とくらべて、やぶれにくく、長もちするという二つのとくちょうがあります。このようなちがいは、何によって生まれるのでしょうか。

紙のやぶれにくさは、せんいの長さのちがいが関係しています。紙は、そこにふくまれるせんいが長いほど、よりやぶれにくくなります。そして、洋紙と和紙をくらべると、和紙はとても長いせんいでできています。そのため、和紙は、洋紙よりもやぶれにくいのです。

紙が長もちするかどうかは、作り方のちがいによります。洋紙を作るときには、とても高い温度にしたり、多くの薬品を使ったりします。（1）、和紙を作るときには、洋紙ほど高い温度にすることはなく、薬品もあまり使いません。よりおだやかなかんきょうで作られている和紙は、時間がたっても紙の成分が変化しにくく、その結果、長もちするのです。

（増田 勝彦『国語四下　はばたき』光村図書）

① 洋紙とくらべたときの、和紙のとくちょうを二つ書きましょう。

（やぶれにくい）
（長もちする）

② 紙のやぶれにくさは何が関係していますか。

（せんいの長さのちがい）

③ 紙はどうするほど、よりやぶれにくくなるのですか。

（紙にふくまれるせんいが長いほど）

④ 洋紙と和紙でせんいが長いのはどちらですか。

（和紙）

⑤ 洋紙を作るときにすることを二つ書きましょう。

（とても高い温度にする。）
（多くの薬品を使う。）

⑥ （1）に入る言葉を選《えら》んで、○をつけましょう。

（　）だから
（　）つまり
（○）しかし

⑦ おだやかなかんきょうとは、ここではどんなことをさしていますか。

（高い温度にすることはなく、薬品もあまり使わないこと。）

説明文　世界にほこる和紙②

名前　　　　月　　日

次の文章を読んで、後の問いに答えましょう。

もう一つ、わたしが、より多くの人に和紙を使ってほしいと考えるのには、やぶれにくく、長もちするということ以外にも理由があります。かつては、ヨーロッパの国々でも、和紙とは原材料がことなるものの、さかんに人の手によって紙が作られていました。（1）、今では、そのような場所は、一か国に、一、二か所ぐらいしかのこっていません。いっぽう、日本には、人の手で和紙を作っている所が、今も、二百か所ほどあります。なぜ、日本には、和紙を作っている所がこんなにものこっているのでしょうか。

（2）、わたしたちが、和紙の風合いを美しいと感じ、自分の気持ちを表す方法の一つとして、和紙を選んで使ってきたからなのではないかと考えています。

今からおよそ千年前の平安《へいあん》時代、短歌を書くときには、美しくかざられたきれいな和紙が使われていました。洋紙があるげんざいでも、手紙を書くための便せんを買いに行けば、和紙でできたものもならんでいて、受け取る相手や伝えたい気持ちに合わせて、それらを選ぶ人がいます。

（増田 勝彦「国語四下　はばたき」光村図書）

① （1）にあてはまる言葉を選《えら》んで、〇をつけましょう。
（　）しかも
（　）それとも
（〇）けれども

② そのような場所とは、何をさしていますか。
（人の手によって紙が作られている場所。）

③ 日本で、人の手で和紙を作っている所は、今何か所ほどありますか。
（二百か所ほど）

④ （2）にあてはまる言葉を選んで、〇をつけましょう。
（　）しかし
（〇）それは
（　）まず

⑤ 「風合い」の読み方を書き、正しい意味を選んで〇をつけましょう。
読み方（ふうあい）
意味
（　）きれいで長もちすること
（〇）見た感じ
（　）かおりやあじわい

⑥ 和紙を買う人は、何に合わせて和紙を選んでいるのですか。二つ書きましょう。
（受け取る相手）
（伝えたい気持ち）

説明文　世界にほこる和紙③

名前　　　　月　　日

次の文章を読んで、後の問いに答えましょう。

わたしは、自分のことをしょうかいするめいしを和紙で作っています。かんたんにはやぶれない、長もちする和紙を使うことで、わたした相手との出会いを大切にしている気持ちを表しているのです。孫にお年玉をあげるときにも、和紙のふくろを使います。よりよろこんでもらいたいという思いから、ぬくもりのある美しい和紙を選ぶのです。

このように、和紙のもつよさと、使う紙を選ぶわたしたちの気持ちによって、長い間、和紙は作られ、さまざまなところで使われ続けてきたのだと、わたしは考えています。そして、和紙を作るぎじゅつは、世界にほこれる無形文化遺産になりました。みなさんは、今、洋紙だけでなく、和紙を選ぶこともできます。いつも同じものを使うのではなく、美しくかざりたいと思ったり、相手によろこんでもらいたいと考えたりして、紙を選ぶことは、とてもすてきなことです。みなさんも、世界にほこる和紙を、生活の中で使ってみませんか。

（増田 勝彦「国語四下　はばたき」光村図書）

① めいしに使う和紙のとくちょうを二つ書きましょう。
（かんたんにはやぶれない）
（長もちする）

② 自分のことをしょうかいするめいしを和紙で作っているのはなぜですか。
（わたした相手との出会いを大切にしている気持ちを表したいから。）

③ 孫にお年玉をあげるときにも、和紙を使うのはなぜですか。
（よりよろこんでもらいたいという思いから。）

④ 次の文を読んで、正しいものに〇をつけましょう。
（　）和紙は洋紙よりすぐれている。
（　）和紙を使うと洋紙より気持ちが伝わりやすい。
（〇）和紙のよさと選ぶ人の気持ちによって和紙は使われ続けてきた。
（　）美しくかざりたいときや相手によろこんでもらいたいときは必《かなら》ず和紙を使う。
（〇）相手や自分の気持ちにおうじて紙を選ぶことはすてきなことだ。

「なぜですか」と理由を聞かれているから「〜から」と答えているよ

説明文　数え方を生みだそう ①

名前　　　　月　　日

次の文章を読んで、後の問いに答えましょう。

わたしはアメリカで、日本語を勉強している小学生に数え方を教えたことがあります。子どもたちは授業《じゅぎょう》でしばらく日本語を学んできましたが、ふだんは外国語で生活しています。ある日、わたしはかれらにニンジンの数え方を聞いてみました。正しい答えは「一本」なので、それを期待していたのですが、あがった声は意外なものでした。子どもたちからは、

1

2

「ぼくはニンジンが好きだから『一好き、二好き』がいいと思う。」

と、びっくりするような新しい数え方が飛び出したのです。アメリカの子どもたちは、ニンジンを見たときに、細長いということだけでなく、ほかの特ちょうに気づいたり、好きかきらいかということを考えたりして、自分たちで数え方を生みだしていたのです。

（飯田 朝子『新しい国語　四下』東京書籍）

① わたしが日本語を勉強している小学生に数え方を教えたのはどこの国ですか。
（アメリカ）

② その小学生は、ふだんはどんな言葉で生活していますか。
（外国語）

③ わたしは何の数え方を聞いてみたのですか。
（ニンジン）

④ それとは何をさしていますか。
（正しい答え）

⑤ 1 2には、アイのどの文が入りますか。選《えら》んで記号を書きましょう。

1（ア）
2（イ）

ア「ニンジンは固くてガリガリかじらなくちゃいけないから『一ガリ、二ガリ』です。」

イ「ちがいます。オレンジ色をしているから、ニンジンは『一オレンジ、二オレンジ』だと思います。」

⑥ 新しいニンジンの数え方を考えて、書きましょう。
（　　　　）

例
一カロテン、二カロテン（カロテンがふくまれるから）
一うさぎ、二うさぎ（うさぎが好きなものだから）
一にがて、二にがて（自分がニンジンがにがてだから）
一カレー、二カレー（カレーライスにはいっているから）

説明文　数え方を生みだそう ②

名前　　　　月　　日

次の文章を読んで、後の問いに答えましょう。

日本語を正しく使うために正しい数え方を身につけることは、とても大切です。（1）、それはわたしたちのものの見方をせばめてしまうこともあります。ニンジンを見てもえん筆を見ても、それらを「本」と数えるときには、細長いという特《とく》ちょうにしか目が行かなくなるのです。

改《あらた》めて気づくのは、日本語の数え方には色やにおい、固《かた》さや手ざわり、温度、味、古さ、好《す》ききらいなどを表すものがないということです。もし、こういった特ちょうを表す数え方が生まれたら、日本語はもっと便利《べんり》で表情《ひょうじょう》ゆたかになるかもしれません。数え方は、今あるものを正しく覚《おぼ》えて使うだけでなく、新しく生みだすことだってできるのです。そんなことができるのかと思うかもしれませんが、このような例《れい》は、日本語の歩みの中ではめずらしいことではありません。

（飯田 朝子『新しい国語　四下』東京書籍）

① 日本語を正しく使うために大切なことは何ですか。
（正しい数え方を身につけること。）

② （1）にあてはまる言葉を選《えら》んで、○をつけましょう。
（　）だから
（○）しかし
（　）このように

③ 正しい数え方を身につけることが、ものの見方をせばめてしまうこととはどんなことですか。
（ニンジンを見ても細長いという特ちょうにしか目が行かなくなること。）

④ ニンジンやえん筆を「本」と数えると目が行かなくなることは何でしょう。
（細長いという特ちょう以外のこと。）

⑤ 日本語にはない特ちょうを表す数え方とは何でしょう。
（色やにおい、固さや手ざわり、温度、味、古さ、好ききらいなど。）

⑥ 特ちょうを表す数え方が生まれると日本語はどうなるでしょう。
（もっと便利で表情ゆたかになる。）

⑦ そんなこととは何をさしていますか。
（新しい数え方を生み出すこと。）

説明文　数え方を生みだそう ③

名前　　　月　　日

次の文章を読んで、後の問いに答えましょう。

その後にも、数え方は生まれ続けています。家は「一けん」と数えますが、マンションなどの大がたの集合住たくの場合には、「一とう」と数えることが多いようです。近年は広告《こうこく》などで、ごうかな建物を連想させる「一てい」という言葉も使われています。にぎりずしの「一かん」も、記録によると、江戸《えど》時代からあるのではなく、にぎりずしをおいしそうに数えるために、昭和時代の終わりに生まれたもののようです。

（１）、数え方は、いろいろな発想をもって生みだすことができます。これまで受けつがれてきた言い方を正しく使っていくことは、もちろん大切ですが、一方で、新しいものを生みだせるという、言葉のじゅうなんさにも目を向けることが大切です。

（飯田 朝子『新しい国語　四下』東京書籍）

① 家は何と数えますか。
（一けん）

② マンションなどの大がたの集合住たくは何と数えますか。
（一とう）

③ 近年、ごうかな建物を連想させる数え方は何ですか。
（一てい）

④ にぎりずしの「一かん」という数え方はいつ生まれましたか。
（昭和時代の終わり）

⑤ それはなんのために生まれたのですか。
（にぎりずしをおいしそうに数えるため。）

⑥ （１）に入る言葉を選《えら》んで、○をつけましょう。
（○）このように
（　）そのかわり
（　）それなのに

⑦ 数え方で大切なことを二つ書きましょう。
（これまで受けつがれてきた言い方を正しく使うこと。）
（新しいものを生みだせるという、言葉のじゅうなんさにも目を向けること。）

短歌

名前　　　月　　日

百人一首《いっしゅ》は、百人の人の短歌を一首ずつ（短歌は一首、二首と数える）集めたもので、かるたにもなっています。短歌は、「和歌」ともいい、五・七・五・七・七の三十一音で作られています。

声に出して読んでみましょう。

● 天《あま》の原　ふりさけ見れば　春日《かすが》なる
三笠《みかさ》の山に　出《い》でし月かも
安倍《あべの》仲麻呂《なかまろ》

意味 大空を見上げてみると月が見える。あれは故郷《こきょう》の春日の三笠の山に出た月だなあ。

● あらしふく　三室《みむろ》の山の　もみぢ葉《ば》は
竜田《たつた》の川の　※錦《にしき》なりけり
能因法師《のういんほうし》

意味 あらしがふいて散《ち》った三室山のもみじの葉は、竜田川の水面《みなも》にういて美しい錦のようになっていることだ。

※錦＝絹地《きぬじ》に、色のついた糸や金や銀の糸でもようをつけたぬの。

● 大江山《おおえやま》　いく野の道の　遠ければ
まだふみもみず　天《あま》の橋立《はしだて》
小式部《こしきぶの》内侍《ないし》

意味 大江山から生野への道は遠いので、天の橋立までいったことはありませんし、（母からの）手紙も見ていません。

作者が歌合せによばれ意地悪を言われたときに、とっさに返した歌です。作者の母は、才のうあふれた歌人として知られていましたが、当時は丹波《たんば》という遠いところに行って不ざいにしていました。「今日、歌合せで詠《よ》む歌を、丹波のお母さんに作ってもらいましたか」とからかわれたときに、この歌を詠んだのです。

ことわざ

名前　　　　月　　日

「ことわざ」は、昔から人々《ひとびと》の中で語り伝《つた》えられた言葉です。
生活の中でのかんたんな教えや、いましめ（やったらいけないことを注意すること）の意味をふくんでいます。

笑《わら》う門《かど》には福《ふく》来《き》たる
いつも笑いがある家には、自然《しぜん》と幸福がめぐってくるという意味。

● 次のことわざの意味を国語辞典《じてん》で調べましょう。また、ことわざを覚《おぼ》えて、生活の中で使ってみましょう。

① 頭かくして　しりかくさず
〈例〉（悪いことをして、それをかくしたつもりでも、その一部が表れているおろかさを笑って言う言葉。）

② 急がば　回れ
〈例〉（急ぐからといって、あぶない近道を行くより、少し遠回りでも安全な道を行ったほうが、結局、早く着くという意味。）

③ ちりも　積《つ》もれば　山となる
〈例〉（ちりのようなわずかなものでも、積み重なれば山のように大きくなるものだという意味。）

④ 能《のう》ある　鷹《たか》は　つめを　かくす
〈例〉（本当に実力のある人は、むやみに人の前で才のうを見せびらかしたりしないという意味。）

⑤ 人のふり　見て　我《わ》がふり　直せ
〈例〉（他の人の行いを見て、自分の行いを反省し、悪いところは改めよという意味。）

⑥ 負けるが　勝ち
〈例〉（後後のことを考えて、その場では勝ちを相手にゆずるほうが、後の自分がとくすることになり、結局は自分が勝ったことになるという意味。）

がんばったね!